TITE,

TRAGI-COMEDIE.

Par le Sieur de MAGNON,
*Historiographe de sa Majesté
tres-Chrestienne.*

A PARIS,

M. DC. LX.

Auec Priuilege du Roy.

A SON ALTESSE
Royale de Sauoye.

SONNET.

SI tu ne regnes pas ſur la Terre & ſur l'Onde,
Tu regnes ſur les Cœurs, ils reçoiuent tes Loix,
Et ta rare bonté par ſoy-meſme feconde
Te fait plus de Sujets que n'en ont tous les Rois.

Ton regne eſt naturel, ton merite le fonde,
Cent belles qualitez autoriſent ſes droits ;
Et Tite ſurnommé les Delices du monde,
Ne fut que ton Heraut, ton Organe, ou ta Voix.

En vain en ſa faueur la Terre eſt preuenuë,
Il ne fit en viuant que marquer ta venuë,
Le Ciel en fit ton ombre, & non pas ton pareil,

Il ne fut qu'vn éclair qui traça ton merite,
Ou, de l'air que l'Aurore annonce le Soleil,
Charles Emanuel fut annoncé par Tite.

PRINCE
CHARLES
EMANVEL,
DVC DE SAVOYE,
ET ROY DE CYPRE, &c.

ONSEIGNEVR,

Qui n'a point vû Voſtre Altesse
Royale, en a pour le moins oüy par-

ã ij

ler, mais fi extraordinairement, que
quelque effort d'imagination que ie
me faffe pour me reprefenter ce que
vous eftes, ie fuis encore à vous conceuoir fous le portrait d'vn Heros qui
fût appellé les Delices du genre humain. C'eft Tite, qui fortant de fon
tombeau, au bruit que fait voftre Renommée, a voulu voir, par vne curio-
fité digne de fes interefts, fi vous l'ap-
prochez, ou fi vous l'égalez, ou fi vous
le furpaffez, & qui m'a commandé de
me rendre à fa fuitte pour aller eftre le
tefmoin de l'eftime, ou de la jaloufie,
ou de l'admiration qu'il a pour Vous.
Ce n'eft pas, Monseignevr, que
Tite, & moy, n'ayons pour Voftre
Altesse Royale, toute la foy qu'il
faut auoir pour les chofes les plus af-
furées ; Mais ne nous aduoüerez vous
pas qu'en matiere de miracles, vn peu
d'incredulité, ou de fufpenfion ne fied

pas mal, & que qui croiroit tout ce que publie la Renommée, receüroit moins de veritez, que de menfonges. En effet, qui pourroit, ou deuroit croire d'abord, que dans vn temps ou la vraye perfection ne paffe que pour vne idée, la nature ait effectiuement reüny en Vous tout ce qu'elle auoit feparé dans fes demy-Dieux de l'Antiquité ; & que par vn priuilege vnique Elle vous ait mis autant au deffus de Tite, qu'elle auoit mis Tite au deffus des autres hommes. Cependant, MONSEI-GNEVR, tant de perfonnes le prote-ftent ainfi, que nous ne voulons point nous oppofer à la foy publique, & qu'eftant preuenus par vne authori-té vniuerfelle, nous allons dans voftre Cour moins faire vn iugement parti-culier de Voftre ALTESSE ROYALE, que joindre noftre témoignage à cefte glorieufe reputation, que vous vous

á iij

estes si eminemment, & si generale-
ment acquise. Que i'ay de plaisir par
aduance d'entendre dire à la Renommée, que ce qu'elle fait penser de vous
cede encore à ce que vous en mon-
strez, que vous découurez tant de merite à vos spectateurs, que vous surpre-
nez moins les oreilles que les yeux, &
qu'il est incomparablement plus diffi-
cile de croire tout ce qu'on voit de
vous, que de croire tout ce que l'on en
entend dire. Tite, MONSEIGNEVR,
à vostre abord ne peut estre que tres
surpris; n'importe, il faut qu'il vous cede, & qu'il aduouë à toute la terre qu'il
a merité le surnom des Delices du genre humain, auec moins de Iustice, que
Vostre ALTESSE ROYALE ne l'a fait, &
que vous en estes d'autant plus digne,
que n'ayant point d'Empire comme luy,
vous vous estes acquis par vous seul
l'inclination de tous les hommes. Oüy,

vous l'emportez tousiours sur Tite, &
de quelque façon que ce soit, voſtre
politeſſe eſt plus touchante que la ſien-
ne : Vous eſtes mieux fait & plus ga-
lant qu'il ne le fut iamais, & s'il n'auoit
à conſiderer vos qualitez heroïques, ie
l'arreſterois ſur ces charmans aduanta-
ges que vous poſſedez, & qui vous ont
fait à l'envy les Delices des deux Se-
xes. Ie luy ferois remarquer, Monseignevr, que iamais la nature n'a
fait vn Prince plus aimable que vous;
mais laiſſant à part ces aggreemens qui
vous font donner plus d'amour que
vous n'en receuez, venons à ce qui rend
voſtre Altesse Royale, l'objet de
noſtre admiration, & ce qui monſtre à
Tite qu'il ne vous a deuancé dans le
temps que comme vne Aurore qui de-
uoit preceder vn Soleil. N'eſtes vous
pas, quoy que cette comparaiſon ſoit
ſi commune, tout éclatant de gloire,

rien n'eſt de plus illuſtre que voſtre naiſſance, rien n'eſt de plus brillant que voſtre Eſprit, rien de plus ardant que voſtre Courage, rien de plus enflamé que voſtre Generoſité, & voſtre Ame n'eſt enfin qu'vne ſource perpetuelle de chaleur & de lumiere. Qu'on ne nous diſe point, MONSEIGNEVR, que voſtre Valeur n'a point paru comme celles des Alexandres & des Ceſars ; La Nature qui vous a fait le Prince le plus genereux du monde, n'a pas voulu que la Fortune vous ait rendu capable d'vne ambition déreglée, ny que voſtre ALTESSE ROYALE ait entrepris de conquerir le monde par la force, puiſque elle auoit dans ſon admirable bonté dequoy le conquerir par la douceur. Nous croyons cependant que voſtre courage eſt auſſi grand que celuy des plus fameux Conquerans, ou pluſtoſt que rien ne l'égale que cette extreme com-
plai-

plaiſance que vous auez pour les ten-
dreſſes d'vne Mere, qui prefere voſtre
gloire à ſon repos, & qui ne peut ſouffrir que vous hazardiez vne vie qu'elle
eſtime infiniment plus que toutes les
grandeurs de la terre. C'eſt cette ſeule
conſideration, Monseignevr, qui
ſuſpend l'vſage de voſtre valeur, & qui
donne inceſſamment a penſer aux plus
redoutables de vos voiſins, que voſtre
Altesse Royale eſtant libre les pourroit aſſujettir ſi elle le vouloit ; & que
ſi dans vos ſimples diuertiſſemens de
chaſſe, vous forcez tous les iours les
Alpes, vous pourriez forcer les Pyre-
nées,& trouuer toute ſorte d'obſtacles
bien au deſſous de voſtre courage.
Que ne feriez vous pas dans cette ardante impetuoſité qui vous fait forcer
les rochers, & franchir les precipices ;
les Ceſars & les Annibals qui mettoient
le paſſage des Alpes au rang des mira-

é

eſes de leur valeur, ne verroient aujourd'huy qu'à leur confuſion, que vous
les parcourez comme ſi c'eſtoient des
plaines.   Ce n'eſt donc pas touſiours
que le meſtier de la guerre eſt le plus
perilleux, & qu'il ſuppoſe plus de courage que les autres: Cependant la iuſte
contrainte où vous eſtes, par vne vie
qu'elle vous conſerue, eſpargnant vn
million de morts, ne peut ſouffrir que
vous expoſiez dans des combats vn
ſang ſi précieux que le voſtre. C'eſt à
quoy la Paix, dont l'Europe doit joüir,
ſe veut oppoſer, auſſi bien que Madame voſtre Mere ; le Ciel meſme aime
mieux conſeruer vos ennemis, ſi vous
en auez, que de vous expoſer au peril
de la guerre. Et comme il ne fit que
montrer vn peu de temps Tite à la terre, il veut vous y faire paroiſtre long-
temps, pour luy donner loiſir de voir
tout ce qu'il a iamais fait de plus extra-

ordinaire. Ie n'en diray pas dauantage
à voftre gloire, tant parce que la Renommée en dit plus que moy, que parce que Tite commence à fe rendre; &
que n'attendant voftre prefence que
pour acheuer en luy ce que voftre reputation y a commencé, il eft dans
l'impatience de vous ceder la plus glorieufe qualité du monde, pendant que
ie fuis en celle-là de demander à voftre
extreme bonté la permiffion de me
dire auec autant de refpect que de
paffion,

MONSEIGNEVR,

De Voftre Alteffe Royale,

Le tres-humble, le tres-obeïffant,
& le tres-foûmis feruiteur,
De MAGNON.

NOMS DES ACTEVRS.

TITE, Empereur des Romains.

ANTOINE, Parent de Tite.

MVCIAN, Directeur de l'Empire.

MVCIE, Fille de Mucian.

FLAVIE, Confidente de Mucie.

PIZON, Colonel des Gardes de Tite.

BERENICE, Reine de Iudée, & fous le nom de
Cleobule, Fauory de Tite.

CLEONTE, Confident de Berenice.

GARDES.

La Scene eft à Rome dans le Palais Imperial.

TITE,

TITE,

TRAGI-COMEDIE.

ACTE PREMIER.

SCENE PREMIERE.

CLEONTE. BERENICE,

CLEONTE.

A Reine Berenice eſt ſous l'habit d'vn homme,

BERENICE.

Tu ſçais, cher confident, ce qui m'ameine à Romme ;
Tu ſçais, comme en cachant, mon ſexe & ma grandeur,
Ie fis monter l'audace où regnoit la pudeur.
Ie pris malgré des loix que ſuit la bien-ſeance
Auec vn habit d'homme vne maſle aſſeurance,
Et voulus par des traits dont i'armay mes regards
Aſſujettir chez luy le plus grands des Ceſars.

A

CLEONTE.

De Reine des Hebreux, qu'estes-vous deuenuë?

BERENICE.

Le Soleil luit tousiours quoy qu'il soit sous la nuë ;
Ce double changement & d'habit & de rang,
M'ostant mes qualitez, n'oste rien à mon sang :
Mon dessein, dira-t'on, est comme inimitable,
N'importe, dans mon sort ie n'ay point de semblable ;
Quelle gloire à vouloir ce qu'on peut imiter ?
I'ay quitté mon Royaume, il me pouuoit quitter.
I'ay voulu rendre rare vne chose commune
Par vn nouueau desdain surprendre la fortune,
Et mesprisant vn rang par moy-mesme abbatu
Donner au lieu d'vn trône vn Temple à ma vertu ;
Le siecle à veu des Rois que le sort pût surprendre,
Et contraindre à tomber d'où i'ay voulu descendre :
Ainsi i'ay mieux aimé m'espargnant leur douleur
Descendre par vertu, que tomber par malheur.

CLEONTE.

Vous vous flattez, Madame,

BERENICE.

                   En effet tu peux croire
Que ie n'ay point agy par vn motif de gloire.

Faut-il qu'en lasche Reine abandonnant ma Cour
J'impute à la vertu ce qu'a fait mon amour ;
Luy qui veut qu'aux grandeurs l'on prefere les chaisnes
Ne m'a pû supporter dans le nombre des Reines :
Il m'en a fait sortir, & ne m'y laissant rien,
Il m'osta mon bandeau pour me donner le sien.
Ah ! cher Tite, du monde adorables delices,
Toy qui fais ses plaisirs, & qui fais mes supplices,
Faut-il, iusque chez toy rechercher mon vainqueur,
Et rendre à mes regards le trouble de mon cœur.

CLEONTE.

Vous vous flattez encor,

BERENICE.

      Faut-il donc te redire
Que mon Royaume est joint au corps de son Empire,
Et que Tite autrefois ayant pris mes Estats,
M'a luy-mesme arrachée au rang des Potentats ;
Tu sçais trop, qu'indigné de me voir sans puissance,
Mon peuple me chassa des lieux de ma naissance :
Que de mon malheur mesme il me voulut punir,
Et qu'en haine de Tite il oza me bannir.
Ah ! qu'il me valloit mieux perdre cent fois la vie,
Que de mille malheurs la reuoir pourfuiuie,
Et me representant tant de fortes de maux,
N'en voir point de passez fans en voir de nouueaux :

TITE.

Ie me ſuis donc pû voir ſur la terre & ſur l'onde
Vn portrait animé des deſaſtres du monde ;
Et forçant les rochers, les bancs, & les eſcueils,
I'ay vû deux Elemens m'ouurir mille cercueils,
Toutesfois eſchapant de l'onde & de la terre,
Ie me ſuis fait dans Romme vne nouuelle guerre
Depuis trois mois entiers que m'y retient mon ſort,
I'ay trouué la tempeſte, où ie cherchois le port.

CLEONTE.

Tite vaincu par vous en domptant la Iudée,

BERENICE.

Ah ! dis que ma conqueſte y fut trop mal gardée,
Et que Romme & ſon Pere ayant ſçeu ſon amour
Pour l'oſter de chez moy preſſerent ſon retour.

CLEONTE.

Veſpaſian eſt mort,

BERENICE.

       Mais Romme eſt immortelle,
Tite eſtant Empereur me peut eſtre infidelle ;
Sa Mere, & Mucian qui regleront ſon choix,
Ne l'vniront iamais à des filles de Rois :
De leur intention ie ſuis trop éclaircie,
Tout le Conſeil pretend qu'il épouze Mucie ;

Puis-je donc empescher qu'vn Ministre d'Estat
Ne prefere son sang au sang d'vn Potentat.
Ah! d'vn pere en faueur cette éclatante enuie
M'enleue mes Estats, mon repos, & ma vie,
Et par la nouueauté d'vn double changement
M'ameine en inconnuë aux yeux de mon amant :
I'y suis depuis trois-mois, mais en vain, ô merueille?
Mes yeux frapent les siens, & ma voix son oreille.
Se peut-il bien, Amour, toy qui fais nos portraits
Qu'vn amant en vn an méconnoisse mes traits ;
Oüy, c'est qu'on ne plaist plus en cessant de parestre.
Et qui cesse d'aimer, cesse de reconnestre :
Vn amour par l'absence est bien-tost affoibly,
Et l'abandonnement degenere en oubly.
L'oubly passe d'abord iusqu'à l'indifference.
L'indifference porte à la méconnoissance :
Cette méconnoissance a l'infidélité,
Et l'vn & l'autre font l'insensibilité.

BERENICE.

Ioignez à ces raisons les trauaux d'vn voyage,
Vn changement d'habit, & de cheueux, & d'âge,
Mesme vn desguisement d'actions & de voix,
Et surtout que Cesar ne vous vit qu'vne fois.

CLEOBVLE.

Ne dis point que Cesar ne soit point vn volage,

A iij

Son cœur est plus changé que ne l'est mon visage ;
Si i'ay changé de lieux, il a changé de Cour,
Si i'ay changé d'habits, il a changé d'amour :
Non qu'en me reuoyant, toute son ame esmeuë
N'ait dés l'abord porté son desordre à ma veuë ;
A peine l'inconstant me reuit en ces lieux
Que ses esprits troublez, passerent dans ses yeux :
Ie presumay d'abord qu'il m'auoit reconnuë,
Mais son ame en ce point ne fut que preuenuë ;
Son cœur n'eust pas le temps de se determiner,
Et sur vn tel penchant il ne fit qu'incliner.
En ce moment j'allay luy voüer mon seruice,
Il en agrea l'offre au nom de Berenice ;
Et croyant voir en moy quelques vns de ses traits,
Il voulut faire grace à l'vn de ses portraits.

CLEONTE.

C'est prouuer qu'il vous aime,

BERENICE.

En croiray-ie ta lettre,

CLEONTE.

Vous sçauez mieux que moy ce qu'il pût vous promettre.

BERENICE.

La foy n'engage point de semblables Amans,

Et qui force les loix, peut rompre les sermens.

CLEONTE.

Ce n'est qu'à vous Madame à iuger s'il vous aime,
Le confident se tait ou l'on voit l'amant mesme,
Du iour que par vostre ordre il me vit dans sa Cour,
Il sçait si i'ay seruy vostre commune amour ;
Vous en sçauez le cours, ménagez-en l'issuë,

BERENICE.

Ie n'y puis reüßir, ta lettre m'a deceuë,
L'Empereur n'est point tel que tu me l'as mandé,

CLEONTE.

Vn cœur auec douceur doit estre demandé.
Ne precipitez rien, j'oubliois de vous dire
D'attendre icy Cesar,

BERENICE.

Ie l'attens, quel martyre :

CLEONTE.

Le regret vous sied mal, il faut enfin agir,
Il est temps d'entreprendre & non pas de rougir.

BERENICE.

Ma riuale est à craindre,

CLEONTE.

> On croit qu'Antoine l'aime,

BERENICE.

Pense encor qu'elle croit que ie l'aime elle-mesme.

CLEONTE.

N'importe, mais songez, dans vn si grand danger
De parestre en ces lieux comme vn Prince estranger,

BERENICE.

Tu sçais bien qu'on m'y traite en Prince d'Iberie ;
Sors, voicy ma riuale,

****

SCENE SECONDE.

MVCIE. BERENICE.

MVCIE.

> Et bien Prince on vous prie :
L'Empereur auiourd'huy ne jure que par vous,
Et iamais sa faueur n'a moins fait de jaloux ;
Si vous le possedez, n'en ay-je rien à craindre,

BERENICE.

Madame, vn Empereur ne se doit pas contraindre.
MVCIE.

MVCIE.

Mon secret confident ne me déguisez rien,
Ie veux voir vostre cœur en vous montrant le mien
Ne differez donc point de me rendre seruice
Et de me proteger contre vne Berenice.

BERENICE.

Contre vne Berenice, ah ! ie suis tout surpris,
Et de vostre frayeur, & de vostre mépris,
On ne dédaigne pas ce qu'il faut que l'on craigne,
Comme l'on ne craint pas ce qu'il faut qu'on dédaigne.

MVCIE.

Elle m'oste Cesar, l'inhumaine qu'elle est,

BERENICE.

Vous auez vos raisons, elle a son interest :
Mais, Madame, Cesar est-il le seul aimable ?

MVCIE.

C'est trop peu qu'estre aimable, il me semble adorable,
Soit que l'on considere, ou son ame, ou son corps,
La gloire est au dedans & la grace au dehors ;
La Majesté qu'il a, forçant son origine
Voit par elle ceder la naissance à la mine,

B

Et frappant nos regards par vn diuin éclair
Fait moins iuger de luy par le sang que par l'air.
En effet ce Heros dans le moindre rencontre
Montrant tout ce qu'il est, est tout ce qu'il se montre,
Qu'il est bien surnommé par le peuple Romain,
Le plaisir & l'amour de tout le genre humain ;
On ne le doit placer qu'au delà des Augustes
Des Grands, des Conquerans, des hardis & des justes:
Enfin estant le charme & de l'ame & des yeux
Ie puis bien ajouster qu'il fut donné des Dieux ;
Ioignez à ces raisons, qu'il possede vn Empire.

BERENICE.

L'Empire quelquesfois nuit à qui le desire,

MVCIE.

Cesar, (ie vous l'auoüe) écoutant vn flateur
Peut estre mon tyran de mon adorateur,
Il ne faut en amour qu'vne simple parole
Pour y voir l'Idolatre aneantir l'Idole,
Et joindre apres des vœux si zelez & pressans
L'orgueil à la priere, & la foudre à l'encens:
N'importe, à cela prés, on a ce qu'on desire,
Ie tiens qu'il est bien doux de gouster d'vn Empire,
Et que mesme aux despens du plus grand des reuers
Il est beau d'acquerir Cesar & l'Vniuers.

BERENICE.

Vn peu moins que Cesar ne vous peut-il suffire,

MVCIE.

Au nom de ses riuaux que pourriez vous me dire,

BERENICE.

Antoine vous adore, ou ie suis dans l'erreur,

MVCIE.

Quoy qu'Antoine soit Prince il n'est pas Empereur ;
Ie connois bien qu'il m'aime & malgré sa contrainte,
Que son amour pour moy paroist plus que sa crainte :
Mais ie ne trouue en luy comme il est sans grandeur
Que ce qui peut causer vne commune ardeur ;
L'amour est tousiours beau pour les ames communes,
Mais pour moy ses ardeurs sont tousiours importunes ;
La seule ambition emporte mes desirs,
Et fournit de soy-mesme à d'eternels plaisirs.
L'amant retourne en soy quand il a ce qu'il aime,
L'ambitieux sans cesse est tout hors de soy-mesme,
Et tousiours obtenant, & tousiours demandant
De tout ce qu'il recherche il est tout dépendant.
I'aspire donc au trône, & quoy que l'on pretende,
Ie veux que l'amour serue & non pas qu'il commande,
Ou qu'à l'ambition vnissant ses ardeurs

Il nous ayde a monter au faiſte des grandeurs.

BERENICE.

C'eſt vn digne tranſport d'vne ame genereuſe,

MVCIE.

Non, non, rien qu'vn Ceſar ne me peut rendre heureuſe,
Selon mon ſentiment l'amour n'eſt qu'vne erreur,
Il eſt cent mille Amans, il n'eſt qu'vn Empereur.
Mon pere fut timide en refuſant l'Empire,
Moy i'en reſſens dans l'ame vn eternel martyre,
Et me perſuadant qu'vn trône m'eſtoit dû
Ie taſche à retrouuer ce qu'vn pere a perdu.

BERENICE.

Auec de ſi beaux droits craignez vous Berenice,
Voſtre pere eſt pour vous comme l'Imperatrice.

MVCIE.

Ie cherche du ſecours contre mes ennemis.

BERENICE.

Le meſme contre vous luy doit eſtre permis.
Si i'eſtois Berenice, vne ſemblable enuie
M'oſteroit mes Eſtats, mon repos & ma vie,
Et pour vous trauerſer en cet éuenement
Ie viendrois deguiſée aux yeux de mon Amant.

On auroit beau me dire en pareille occurrence,
Que ie démentirois mon sexe & ma naissance :
Quand on sçait bien aymer on ne raisonne pas
Sur tout ce qu'est l'exil, la honte, ou le trespas.
Sans voir ce qu'on doit craindre on cherche ce qu'on aime
Le bandeau de l'Amour sert plus qu'vn Diademe.
L'vn cache le danger, & l'autre le fait voir,
Et montre trop de crainte auec trop de pouuoir.
Mais la chose à mon sens qui me seroit mortelle
Seroit si ie l'estois d'aimer vn infidelle,
Et luy voir preferer ne songeant plus à moy
La Fortune à l'Amour, & l'Empire à sa foy.

MVCIE.

Cesar n'est pas son Maistre,

BERENICE.

                    Ah ! sçachez quand on ayme
Que le cœur le moins libre est maistre de soy-mesme :
Les efforts des tyrans sont alors superflus,
Quiconque aime est sans crainte & qui craint n'ayme
   plus :

MVCIE.

Adieu, ie crains mon Pere, il me pourroit surprendre,
Luy, le Prince, & Cesar, se doiuent icy rendre,
Si c'est pour mon Hymen, n'en soyez point ialoux

TITE.

Si vous parlez pour moy vous parlerez pour vous.
Oüy ie suis genereuse, & c'est à vous de croire
Que ie dois toute chose à qui ie dois ma gloire,
Adieu, quelque ascendant que vous ayez sur luy,
La fame d'vn Cesar n'est pas vn foible appuy.

BERENICE seul.

Superbe, ton amour te rendit trop credule,
Mais voicy l'Empereur,

SCENE TROISIESME.

BERENICE. TITE. GARDES.

TITE.

Arreste Cleobule ?
Ah ! de ma passion vnique confident,
Vn cœur peut-il brusler par vn feu plus ardant :
Ie viens à pleins soûpirs te découurir mon ame.

BERENICE.

Vous vous contraignez trop, découurez voftre flame
Ce qui doit l'irriter semble l'a ralantir
Et qui doit l'animer cherche à l'aneantir
Il faut que voftre amour s'explique auec empire,

TITE.

Ah ! comme le moindre homme vn Empereur soûpire
La fortune & l'amour changent souuent d'appas,
Et ce qu'on a, plaist moins, que ce que l'on n'a pas.

BERENICE.

L'vniuers est à vous,

TITE.

Ie n'ay pas Berenice,
Malgré ma passion, Romme a trop de caprice :
L'interest de l'estat trauerse mes desirs,
Et ma propre grandeur s'oppose à mes plaisirs.

BERENICE.

Aimez-vous Berenice ?

TITE.

Ah ! c'est peu, ie l'adore,
Ie te l'ay dit cent fois, ie te le dis encore,
I'allay dans la Iudée, & pour la conquerir,
I'entray dans ce Royaume, & ie le fis perir ;
I'en abolis les loix, i'en destruisis les marques,
Ie mis des Gouuerneurs où furent des Monarques ;
Et cependant l'amour triomphant d'vn vainqueur,
Quand i'en changeay l'Estat me changea tout le cœur.

C'est lors que Berenice en m'arrachant les armes
Accabla mes regards sous vn amas de charmes
Et remplissant le cœur d'vn conquerant Romain
M'osta par vn clin d'oeil la foudre de la main ,
Ie la mis à ses pieds, i'y mis mon Diadème,
Et pour mieux l'adorer ie m'y iettay moy-mesme.

BERENICE.

Et vostre ame fut prise en vn seul entretien.

TITE.

Ah ! son estonnement pût égaler le mien :
Ainsi par nostre abord nos deux ames surprises
Ne purent qu'vn moment deffendre leurs franchises ,
En vain en cet instant la raison combattit
Les yeux furent forcez, le cœur se démentit.
L'amour voyant sa gloire en estre moins douteuse
Voulut qu'aux deux partis elle fut moins honteuse,
Et flattant nos regards, nos ames, & nos cœurs
Nous dit que nous estions & vaincus & vainqueurs :
Nous le crumes tous deux sans oser nous le dire ;
Toutes fois le repos y suiuit le martyre,
La honte & le respect firent place aux soûpirs,
Et les soûpirs aux vœux & les vœux aux plaisirs ;
Chacun eut de la ioye à découurir son ame,
Mais vn subit départ interrompit ma flame,
Et l'éclat de ce feu qui sembloit si perçant

Ne parut qu'vn éclair qui meurt presque en naissant,

BERENICE.

Romme vous rappella ?

TITE.

    Puissance trop fatale,
Cette Reine des Rois eut peur d'vne riuale,
Et par sa jalousie arrestant mon amour
Elle força mon pere à vouloir mon retour.
Ie quittay donc ma Reine , & luy dis , & fis dire
Que ie l'espouserois paruenant à l'Empire,
Et qu'vn delay d'vn an m'alloit mettre en estat
D'entreprendre la chose auecque plus d'éclat.
Cleonte de sa main estant mis à ma suite,
Du iour de mon départ a pû voir ma conduite :
Il a dû luy mander le desordre où ie suis ,
Et que ce que ie veux n'est pas ce que ie puis.
I'appelle vainement ma franchise à mon aide,
Romme me gehenne plus que ie ne la possede,
Et m'ordonnant encore vne autre trahison
Veut forcer ma memoire en forçant ma raison :
On veut que dans l'oubly i'estoufe enfin ma flame
Ie suis Maistre du monde, & non pas de mon ame.

BERENICE.

Et depuis vostre absence

TITE.

Ah ! crois que de ce iour
Vn commerce de lettre entretient noſtre amour;
Cleonte de ſa part ſouſtient ſa confidence,
Toy-meſme tu te vois de noſtre intelligence,
Garde donc de deſtruire vn ſi fameux deßein,
Nous auons ſur les bras tout l'Empire Romain:
En vain i'aurois voulu qu'elle vint en perſonne,
Romme dans ſes tranſports s'aueugle & s'abandonne,
Et ſi ma Berenice arriuoit en ces lieux
Le peuple malgré moy la perdroit à mes yeux.

BERENICE.

Vous la conſerueriez,

TITE.

Moy, la ſauuer, ah ! ſçache
Qu'il eſt bien mal aiſé qu'vne Reine ſe cache
Et que nos deux tranſports éclatans tour à tour
N'en découuriſſent trop aux yeux de cette Cour.

BERENICE.

Il eſt vray, mais l'aimer dés la premiere veuë !

TITE.

Par mille & mille appas mon ame fut émeuë;

Non, que j'euſſe le temps de reuoir tant d'attraits,
Tout mon cœur à la haſte en attira les traits;
Si bien qu'eſtant frappé par tant de traits de flame
Il en porta l'ardeur iuſqu'au fonds de mon ame ;
Tant l'Amour dont les traits penetrent en tous lieux
En mit plus dans mon cœur qu'il n'en mit dans mes yeux.

BERENICE.

Vous n'en auez donc pris qu'vne confuſe idée ?

TITE.

Ie l'a vis vne fois dans ſa Cour de Iudée,
Peut-on en vn moment diuiſer tant d'appas ?
Non, non, ſur vn tel choix l'œil ne s'arreſte pas,
Ils viennent tous en foule , & l'ame en eſt ſaiſie,
Leur nombre comme l'œil ſurprend la fantaiſie,
Et leur force agiſſant ſur qui peut l'endurer
En fait plus reſſentir qu'on n'en peut figurer.
Ce n'eſt pas qu'à te voir ie n'en voye vne image,
Du moins à ton abord i'en formay quelque ombrage,
Et mon cœur par tes traits auſſitoſt allarmé
Sentit ce que l'on ſent quand on a bien aimé.

BERENICE.

I'en ay bien quelques traits, mais c'eſt ſans reſſemblance,

TITE.

Cependant ce rapport t'acquit ma bien-veuillance,

 # TITE.

Ie ne t'ay point celé pourquoy ie t'ay chery
Ny quel prompt ascendant t'a fait mon fauory.

BERENICE.

Ah! Seigneur, ie ne suis qu'vn Prince d'Yberie

TITE.

Ie sçais qu'on t'a chassé de ta propre patrie,
Qu'vn tyran ton voisin t'a pris tous tes Estats:
Mais ie veux t'éleuer sur tous les Potentats,
Tu t'y verras bien-tost en épousant Mucie ;

BERENICE.

Moy!

TITE.

Mon intention t'est assez éclaircie.

VN GARDE entrant.

Antoine & Mucian, par vôtre ordre assemblez,

TITE.

Que l'on les fasse entrer,

BERENICE.

Et quoy, vous vous troublez.

TITE.

Sors, nous-nous reuerrons,

BERENICE.

Songez, à Berenice.

TITE.

Songe donc à Mucie,

BERENICE sortant.

Injuste Imperatrice.

TITE.

Non, non, Prince, esperons, s'il ne tient qu'à mes vœux,
Ie te rendray content si tu me fais heureux;
Sçauez-vous, Mucian, ce que ie vous demande?

SCENE DERNIERE.

MVCIAN. TITE. ANTOINE.

MVCIAN.

V Ous, Seigneur, demander! vn Empereur commande;

TITE.

C'est vous, cher Mucian, dont l'eternelle ardeur
Vous interesse entier dans toute ma grandeur:
Ce fut par vos refus, & par vostre assistance,

Que mon Pere paruint à la Toute-Puiſſance,
Et que tant de Tyrans l'vn par l'autre abbatus ,
L'heureux Veſpaſian couronna ſes vertus.
Si donc , par vous l'Empire entra dans ma famille,
Ie dois par gratitude épouſer voſtre fille ;
Et par vn ſentiment auſſi iuſte que doux ,
Si vous n'eſtes qu'à moy, me donner tout à vous ;
L'Imperatrice meſme à cét Hymen m'inuite,
Comme elle vous honnore , elle m'en ſollicite ,
Dites-moy donc tous deux ce que vous en penſez ;

MVCIAN.

Quoy, par là mes trauaux ſont-ils recompenſez ?

ANTOINE.

Cét Hymen m'eſt fatal ; Seigneur, quelle licence ?
Quoy, Mucian aſpire à la Toute-Puiſſance ;
Et non content du rang , où deux Ceſars l'ont mis ,
Il veut voir à ſon ſang tout l'Vniuers ſoûmis.

MVCIAN.

Prince, vous vous trompez, ie me ſçais mieux connoiſtre,
Ma fille, malgré moy , n'épouſe point ſon maiſtre ;
Ma naiſſance & mon rang me permettent d'oſer,
Mais ma ſeule vertu s'y pretend oppoſer.
On ſçait que dans le temps qu'Othon & Vitellie,
Decidoient de l'Empire au cœur de l'Italie ;

Ie refuſay d'entrer au nombre des Ceſars?
Me commettrois-ie donc à de noueaux hazars.
Si i'ay quitté ce droit, me le faut-il reprendre?
Faut-il qu'vn vain motif me le faſſe entreprendre?
Non, ie veux preferer mon zele à mon pouuoir,
Et moins fonder mon rang qu'aſſermir mon deuoir:
Quiconque auec honneur ſçait regir vn Empire
Sent ce qui le retient, & non ce qui l'attire,
Et malgré des tranſports qu'il a dû ſurmonter,
Doit eſtre au pied du Trône, & n'y iamais monter.

ANTOINE.

Et bien ſur ce refus épouſez Berenice,

MVCIAN.

Et qui dans cét Hymen peut eſtre ſon complice?
Quoy, Seigneur, voſtre Romme aboliſſant ſes loix
Voudra-t'elle à ſa honte autoriſer ce choix?
Penſez-y mieux, Seigneur, nos loix ſont eternelles,
Eſtre au deſſus des loix n'eſt pas eſtre contr'elles,
Et l'inſtinct qui vous porte à d'infinis deſirs
S'il ne borne vos vœux, limite vos plaiſirs.

ANTOINE.

Apprenez, Mutian, que quant à l'Hymenée
L'ame d'vn Empeureur n'y peut eſtre gehennée:
Quoy, le Maiſtre du Monde auroit de vains deſirs,

Et le dernier du peuple auroit de vrais plaisirs.
Cesar doit obtenir au moment qu'il desire;
C'est trop assujettir l'Empereur à l'Empire,
Hors des poincts où l'Estat doit agir sans erreur,
Il faut assujettir l'Empire à l'Empereur.
Osant & faisant tout la grandeur se consomme,
Tite peut en Cesar, tout ce qu'il veut en homme;
Et quoy qu'vn tel Hymen soit vn crime en ces lieux,
Il est beau que Cesar n'en réponde qu'aux Dieux.

TITE.

Allons donc en resoudre auec l'Imperatrice,

ANTOINE bas, & sortant.

Esperons, mon amour, il panche à Berenice.

TITE sortant.

Empire des Romains que tu m'és cher vendu,
Mon bras a moins gagné que mon cœur n'a perdu.

Fin du premier Acte.

ACTE SECOND.
SCENE PREMIERE.

ANTOINE. MVCIAN.

ANTOINE.

On, nous ne sommes plus deuant l'Imperatrice,
Dites-moy, Mucian, quel est vostre artifice?

MVCIAN.

L'Art le plus infaillible est de n'en point auoir:

ANTOINE.

Le vostre, cependant, se fait bien conceuoir,
Aussi, quiconque aspire à la Grandeur Suprême,
S'immole toute chose, & soy-mesme à soy-mesme,
Lors que par vn secret, & jaloux interest,
Il voit ce qu'il veut estre, & non plus ce qu'il est.
De là vient qu'en suiuant, & sa route, & sa course,
Il ne remonte plus du costé de sa source,

D

Et cherchant sur le Trône vn infaillible appuy,
Renuerse ce qu'il trouue entre ses vœux & luy.

MVCIAN.

Prince, detrompez-vous,

ANTOINE.

　　　　　　Quittons icy la feinte,
Ie souffre vos grandeurs, souffrez aussi ma plainte,
Cesar est vostre gendre, ou l'on veut qu'il le soit :
Mais l'ame produit-elle au poinct qu'elle conçoit ?
Auant qu'aux yeux du monde vn tel Hymen éclatte,
Il peut estre fatal à celuy qui s'en flatte,
Si Cleobule mesme y pretend à son tour,
Ie sçauray malgré vous confondre son amour.

MVCIAN.

Prince, par le refus que i'ay fait de l'Empire :

ANTOINE.

Ce refus paroît beau ; mais que ne puis-je en dire ?
Vous n'en auez quitté que les simples dehors,
L'ombre en est à Cesar, vous en auez le corps.

MVCIAN.

Dés long-temps j'abandonne, & ma gloire, & ma vie,
Ma vie aux attentats, & ma gloire à l'enuie :
Voilà comme j'agis, & mon plus grand censeur

Ne me peut imputer qu'vne infigne douceur :
I'aurois pû me vanger de mille & mille langues,
Cependant, en muët, i'ay fouffert leurs harangues,
Et n'ay vû les erreurs qu'vn Vulgaire produit,
Que comme des vapeurs que le Soleil deftruit ;

ANTOINE.

Mais pour vous maintenir, vous perdez toute chofe :

MVCIAN.

I'execute fans peur ce que ie me propofe,
L'intereft de l'Eftat eft ma regle & mon but,
Et de mon propre honneur ie tire mon tribut :
Prince, par moy l'Empire eft dans voftre famille,

ANTOINE.

Si le pere le quitte on le rend à la fille,
Vous n'auez rien perdu,

MVCIAN.

       I'ay perdu mes bien-faits,

ANTOINE.

Et qui font donc ces biens ?

MVCIAN.

       Ceux que ie vous ay faits :
Mais ie tiens qu'il eft beau, quoy qu'on en puiffe croire,

D'auoir fait vn ingrat aux defpens de ma gloire.

ANTOINE.

Ie vous fuis obligé, tefmoin mes grands emplois ;

MVCIAN.

Prince fouuenez-vous que l'Empire a fes loix,
Comme le grand credit fait la grande licence,
L'intereft de l'Eftat borne voftre puiffance ;
Et me femble impofer cette neceßité
De ne pas tout donner à voftre qualité.
Confeffez, cependant, que qui me perfecute,
M'impute des malheurs que le fiecle s'impute ;
Et que la circonftance, & des lieux & des temps
Ne me rend criminel que chez les mécontens.

ANTOINE.

On vous impute à tort les malheurs de l'Empire,

MVCIAN.

Aupres des temps paffez qu'ont les noftres de pire ?
Rien ; le plus heureux fiecle, a fes maux & fes biens ;
Mais c'eft qu'en cas de maux chacun vante les fiens :
C'eft vn débordement auffi long qu'il eft vafte,
Le fouuenir en plaift, on en parle par fafte,
Et par vn vain regret qui fut, eft, & fera,
Le monde s'en eft plaint, s'en plaint, & s'en plaindra.

ANTOINE.

L'on voit bien le courant que prennent les affaires,

MVCIAN.

S'il emporte les Grands comme les populaires ;
Deuez-vous presumer ? qu'vn secret different
Fasse prendre au Ministre vn semblable courant :
Et quand ie le prendrois, & m'en verrois la cause,
Faudra-t'il ? qu'à ma course vn mécontent s'oppose,
Et qu'il vienne interrompre auec quelques mutins,
Tout vn Estat qui roule à ses heureuses fins ;
Enfin, quoy qu'il en soit, ce debat m'importune,
Ie sçauray bien regir l'Empire & ma fortune ;
En effet, ma grandeur ne va que pas à pas,
Et si le sort me pousse, il ne m'entraîne pas.

ANTOINE.

Vouloir Cesar pour gendre, en dit bien quelque chose :

MVCIAN.

Non, non, c'est vn Hymen où ma vertu s'oppose :

ANTOINE.

C'est vn empeschement qui peut estre abbatu ;
Le torrent des Grandeurs entraîne la vertu.

MVCIAN.

Vous me connoiſſez mal,

ANTOINE.

             Qui vous pourroit connoiſtre ?
Vous faites tout enſemble & l'eſclaue, & le maiſtre,
Vous auez d'apparants, & de ſecrets reſſorts,
L'Imperatrice & vous diuiſez vos efforts ;
Ou ſi de vos refus ie puis ſçauoir la cauſe,
C'eſt qu'on craint que Ceſar ne repugne à la choſe,
Et que s'y ſoûmettant par des raiſons d'Eſtat,
Il ne ſe vange vn iour d'vn pareil attentat.
C'eſt ce qu'on craint icy, quoy qu'on y diſſimule,
C'eſt ce qui vous oblige à choiſir Cleobule ;
Et qui par vn Hymen que vous luy propoſez,
S'efforce à reünir deux pouuoirs diuiſez.

MVCIAN.

Au deffaut d'vn Ceſar Cleobule mon gendre,

ANTOINE.

Ah ! l'auis que i'en ay ne vous doit point ſurprendre ;
Son rang à qui Ceſar ſert de premier ſoûtien,
Affermira le voſtre, & le voſtre le ſien.
Vous, tenant le Conſeil, & luy le cœur de Tite ;

MVCIAN.

I'y penſe, le voicy, ſouffrez que ie vous quitte,
Et que par vn Hymen qui m'attache auec luy,
Contre mes ennemis ie cherhe de l'appuy.

SCENE SECONDE.

BERENICE. ANTOINE.

ANTOINE.

T*Rop heureux Cleobule,*

BERENICE.

     Il faut qu'on ſe retire,
Ceſar veut eſtre ſeul,

ANTOINE.

    Cleobule ſoûpire;
Manque-t'il quelque choſe à ſa felicité?

BERENICE.

La fortune me traitte auec indignité;
Mucie eſt à Ceſar, quel eſtrange Hymenée,
Ah! Prince, quelle triſte, & cruelle journée,

TITE.

Vn semblable malheur me touche autant que vous;

ANTOINE.

Vous en découurez trop à l'ame d'vn jaloux.

BERENICE.

Pourquoy feignez-vous donc? où voftre long filence
Deftruit voftre repos comme voftre puiffance;
Seigneur, il en eft temps, découurez voftre amour,
Que craignez-vous? vn bruit du peuple & de la Cour:
Cét Hymen vous importe, & fi ie l'ofe dire,
Il vous rend en effet des premiers de l'Empire:
Et joignant l'ame au fang, comme à l'éclat l'ardeur,
Il change l'ombre en corps, & le fafte en grandeur.
Mucie a du merite, elle a de la naiffance,
La pouuez-vous aymer auecque repugnance?
Suppofé que fon fang fortit d'vn fang commun
Confondu dans le voftre il ne peut eftre qu'vn;
Ainfi fi le Soleil s'attirant les nuages,
S'en fait affez fouuent d'éclatantes Images.
Et de toutes vapeurs peut faire des Soleils,
Vn Prince de tout fang fe forme des pareils:

ANTOINE.

Vous eftes bien fçauant à découurir vne ame:

BERENICE.

Vne flâme en amour découure vne flâme,

On a beau déguiser ses secrets sentimens,
Rien d'vn Amant n'echape aux yeux des vrais Amans.

ANTOINE.

Ah ! l'amour est en moy d'vne estrange nature,
Mon cœur se plaint, s'il souffre, & se plaint s'il n'endure,
Et faisant de sa plainte vn eternel secret
N'interesse personne à finir son regret ;
Ainsi ma passion n'oseroit bien parestre,
Cesar est mon riual, & mon riual mon Maistre,
Et l'on voit trop d'orgueil en celle que ie sers
Pour ne pas preferer l'independance aux fers.
Ie n'ay pour la toucher qu'vne vaine naissance,
Le nom est inutile où manque la puissance ;
Ce qu'est la flâme au feu, ce que l'air est au iour,
L'eclat de la grandeur le doit estre à l'amour :
Non, que Tite d'vn Trône ait son seul auantage,
Il eût ce que le Ciel peut donner en partage :
Mais la mesme nature inegale entre-nous,
Ne le fist accomply que pour m'en voir jaloux.

BERENICE.

Il épouse Mucie,

ANTOINE.

Et c'est ce qui me tuë :

BERENICE.

Mon ame auec la vostre en est comme abbatuë,

 # TITE.

Et j'ignore à nous voir dans vn si grand effroy,
Qui doit le plus y perdre, ou de vous, ou de moy.

ANTOINE.

Ah! de tous mes soupçons la cause est éclaircie,
I'auois bien presumé que vous aimiez Mucie,
Ce politique auis que vous m'auez donné,
Montre de quelle force il est imaginé:
Conseiller à Cesar d'espouser Berenice
N'est pas d'vn vray riual vn visible artifice,
Et quand auec Mucie on a des entretiens,
Vos interests à part on y parle des miens?

BERENICE.

Dés qu'vn Amant jaloux s'inquiete & se trouble,
Il tombe dans l'erreur, & cette erreur redouble;
Et dans l'aueuglement où luy-mesme s'est mis,
Il prend pour ses riuaux ses plus parfaits amis.

ANTOINE.

Non, non, dans la fureur dont mon ame est saisie,
Auecque deux riuaux i'ay double jalousie,
Vous auoir pour riual, ou l'Empereur, ou moy,
Vous connoissez-vous bien?

BERENICE.

Non, ie me méconnoy:

Mais cette erreur me vient de moy-mesme à moy-mesme
De vous à moy sçachez,

ANTOINE.

    Ce rapport est extresme,
La faueur de Cesar est vostre vnique appuy
Et n'estant rien par vous, vous estes tout par luy,
Non, sans luy vous n'auriez qu'vne gloire commune :

BERENICE.

Bien souuent la vertu fait honte à la fortune ;
Ie ne me vante point d'auoir eu des Estats,
Ny d'estre descendu de quelques Potentats :
Ie tiens malgré l'éclat que pousse vn Diadême
Qu'il est plus beau d'auoir sa clarté par soy-mesme.

ANTOINE.

Vous auez du merite & de la Majesté ;

BERENICE.

Ie n'ay que du malheur, & de la fermeté ;

ANTOINE.

Ce qui paroit de vous merite qu'on le voye ;

BERENICE.

Ce qui n'en paroit pas merite qu'on le croye :

ANTOINE.

Vn Prince d'Yberie estoit si peu connû,
Que son nom iusqu'à nous n'estoit point paruenu:

BERENICE.

Le vostre a retenty iusqu'au bout de la terre;
Mais ce bruit, apres tout, n'est qu'vn coup de tonnerre,
Ce bruit s'est dissipé,

ANTOINE.

*　　　　　La trace y suit l'éclat,*
Et i'en suis satisfait si Tite en est ingrat;
Vous, n'en parlez iamais qu'auecque retenuë,

BERENICE.

Prince, vostre fierté nous est assez connuë.

ANTOINE.

Vous me deuez respect,

BERENICE.

*　　　　　Vous m'en deuez aussy;*

ANTOINE.

C'est donc en Yberie,

BERENICE.

*　　　　　Et beaucoup moins qu'icy;*

Sachez que i'y suis moins que l'on ne m'y croit estre.

ANTOINE.

Par voftre prompt depart faites-moy le conneftre,
Choisiffez de la mort, ou de quitter la Cour,

BERENICE.

Ah! c'eft la mefme chofe aux yeux de mon amour,
En effet, fans mourir, quitte-t'on ce qu'on aime?
C'eft acheter fa vie au prix de la mort mefme,
S'il me faut efloigner, ie fuis voftre riual;

ANTOINE.

Ce temeraire aueu vous deuiendra fatal.
Pour vn Prince eftranger vous auez trop d'audace,

BERENICE.

Ie me fens là deffus, & plains qui me menace.

ANTOINE fortant.

Et bien nous l'allons voir,

BERENICE feule.

         I'ay plus de fermeté
Que mes perfecuteurs n'auront de lafcheté:
Comment le détromper d'vne erreur fi mortelle?
Mais voicy ma riuale, il faut rompre auec elle.

SCENE TROISIESME.

MVCIE. BERENICE.

MVCIE.

Vous auez vû Cesar, Prince qu'auez vous fait ?

BERENICE.

Pourray-je vous redire vn si bizarre effet ,

MVCIE.

Oüy, ne me flattez point, Tite est il infidelle ?

BERENICE.

Tite aime Berenice, & Tite est aimé d'elle ;
Comme ie le pressois en luy parlant de vous
De vous aimer plus qu'elle & d'estre vostre époux
Ah ! Prince m'a-il dit par la mesme indulgence
Que tu parles pour elle entrepren ma deffence ,
Et prepare Mucie à souffrir que mon cœur
Luy fasse bientost voir son seul & vray vainqueur ;
Sur elle, & sur les loix Berenice l'emporte ,
Elle entre dans mon ame il faut que tout en sorte ,
Ou bien de la façon qu'elle y peut penetrer
Mon cœur en est si plein que rien n'y peut entrer.

MVCIE.

Et c'eſt donc là l'effet de voſtre confidence ;

BERENICE.

I'ay fait ce que i'ay pû,

MVCIE.

Ie ſçais ce que i'en penſe
Indigne confident, & plus indigne Amant ;

BERENICE.

Ceſar, Madame, agit ſelon ſon mouuement :

MVCIE.

Dites ſelon le voſtre, & qu'en charmant ſon ame
Vous n'y pouuez ſouffrir ni maiſtreſſe ni fame,
Que par vous ſeul ſon cœur ſe ſent trop affoiblir,
Et que voſtre amitié s'efforce à le remplir.

BERENICE.

Ce n'eſt pas mon deſſein

MVCIE.

Et quoy donc infidelle
Eſt-ce que pour Antoine on teſmoigne ſon zele ?
Et qu'en fauoriſant ſa flame & ſon erreur

TITE.

Vous voulez que ie l'aime autant qu'vn Empereur.

BERENICE.

Ie n'entreprendray point de vous le rendre aimable,

MVCIE.

Et de quel artifice estes vous donc capable ?
Quel est vostre motif, pourquoy me nuisez vous ?
Pourquoy de mon amour estes vous si jaloux ?
Est-ce qu'en cette Cour vous seruez ma riuale ?
Ah ! si ie le découure, elle vous est fatale,
Que ne la tiens-je icy, ni vous, si son Amant
Ne l'arracheriez pas à mon reßentiment.
Vous, si vous estiez tel que vous paroissez estre
Ie vous ferois perir aux yeux de vostre Maistre,
Et de son confident & de son fauory ;

BERENICE.

Ie voudrois qu'à vos yeux Cleobule eut pery :

MVCIE.

Vous ne mourrez que trop en seruant Berenice

BERENICE.

Si Cesar est coupable, en suis-je le complice ?
Du moins sans m'imputer son manquement de foy,
Me condamneriez-vous si i'agissois pour moy ?

Ah !

Ah! si vous découuriez iusqu'au fond de mon ame
Vous verriez,

MVCIE.

Insolent, cachez moy voftre flame.

BERENICE.

Et que ne pouuez vous expliquer ce foupir,

MVCIE.

I'y connois, indiscret, voftre secret desir.
I'ay feint iusques icy d'en ignorer la caufe,
Mais enfin, voftre audace a trop pouffé la chofe:
Quoy, deuez vous penfer temeraire jaloux ?
Qu'il faille quiter Tite & l'Empire pour vous :
Ceffez de foupirer, c'eft en vain qu'on m'excite ,
Vos foupirs font pour moy, tous les miens font pour Tite,
Et ie ne puis pour plaire à vos propres douleurs ;
Que mettre voftre amour au rang de vos malheurs.

BERENICE.

Cruelle , au nom des Dieux donnez moy ce que j'aime ;

MVCIE.

Puis-je donner vn cœur qui n'eft plus à moy mefme.

BERENICE.

Vous ne m'entendez pas ,

MVCIE.

           Ie ne puis estre à vous
Ie dois estre à Cesar,

BERENICE.

           Quoy, Cesar voftre Epoux;
Antoine, & moy, Madame, en mourrons de tristesse;

MVCIE.

Plus que vos paſsions la mienne m'intereſſe,
Eſt-ce ainſi qu'on me ſert? orgueilleux, imprudent,
Vous, Amant temeraire, & laſche confident.
Qu'eſt-ce qu'vn Fauory? ce n'eſt rien qu'vne Idole
Qu'on fait, & qu'on deffait d'vne ſeule parole,
Et dont les Souuerains contens, ou meſcontens
Tirent leurs déplaiſirs comme leurs paſſe-temps.
Vous, riual d'vn Cesar, iuſques à moy pretendre,
Ah! voſtre orgueil eſt tel qu'on ne peut le comprendre:
Cette extreme inſolence eſtonne au dernier point,
Vous méconnoiſſez vous?

BERENICE.

           Ie ne me connois point.
I'ay beau ſur mon orgueil m'interroger moy-meſme,
Mon cœur pour ſes raiſons me dit touſiours qu'il aime,
Et ne peut preſumer que voſtre ame à ſon tour
Demente des raiſons que produit mon amour.

MVCIE.

Vn Prince d'Yberie auoir cette aſſurance!

BERENICE.

Ma ſeule paßion a fait ma confiance.

MVCIE.

Non, ie veux l'auoüer, vous auez des appas,
Mais Tite eſt Empereur, & vous ne l'eſtes pas.
Vous qui venez icy par vn peu de merite
Surprendre, & vous gagner la volonté de Tite;
Et d'vn Prince inconnu chaſſé de ſes Eſtats
Deuenez fauory du Dieu des Potentats:
Vous donc, dont la faueur ne veut point de ſeconde
Eſtes vous pour m'aimer le ſeul maiſtre du monde?
Enfin par voſtre amour pouuez vous me porter,
Sur vn trône où mon Pere auoit droit de monter.

BERENICE.

Eſt-ce le ſeul obiet où voſtre cœur aſpire?

MVCIE ſortant.

Non, non, ie pretens Tite außi bien que l'Empire
Ie deſire vn Amant außi bien qu'vn vainqueur
Point de cœur ſans Empire, ou d'Empire ſans cœur.
Vous de mes ſentimens infidele interprete,

TITE.

Sortez de cette Cour, ie veux voftre retraite,
Adieu, fongez à vous.

BERENICE feule, & voulant fortir.

Amour, que d'ennemis !
C'eft à toy qui les fais de me les voir foûmis.

❀❀❀❀❀❀❀❀❀❀❀❀❀❀❀❀❀❀❀❀❀❀

SCENE DERNIERE.

TITE. BERENICE.

TITE.

Cleobule, écoutez.

BERENICE.

La faueur eft extreme,

TITE.

Ie n'ay plus de fecrets pour vn autre moy-mefme,
Prince, l'Imperatrice oppofée à mes veux,
Ne permettra jamais cet Hymen que ie veux.

BERENICE.

Ie fuis perdu, Seigneur,

TITE.

Et qui te pourroit nuire ?

Tout l'vniuers entier ne te sçauroit destruire :
Quels Ennemis as-tu ?

BERENICE.

     I'en ay de differens
Les vns sont déguisez, les autres apparens,
Mais les plus dangereux se trouuent en moy-mesme,
Et ne sont mes tyrans que d'autant plus que t'ayme :
En vain vostre bonté s'oppose à leur rigueur,
Ce qui plaist à mes yeux ne fait rien pour mon cœur,
Hé de grace, Seigneur. agréez ma retraite,
Le mal se souffre mieux qu'vne ioye imparfaite ;
Ie ne comprens que trop au rang où l'on m'a mis,
Que de tous vos Romains ie fais mes ennemis.

TITE.

Ie fais en ta faueur tout ce que ie puis faire,

BERENICE.

A qui veut de l'amour l'amitié ne peut plaire ;

TITE.

Ah ! ne t'afflige point, ce que ie sens pour toy
Condamne ce respect que ta flame a pour moy,
Mon ame de tes feux pleinement éclaircie
Reconnoit que ton cœur n'en veut plus qu'à Mucie,
Ie voy ta passion, tasche à t'en faire aimer
Ton choix est trop parfait pour t'en pouuoir blasmer.

TITE.

Ie ne m'eſtonne plus ſi te rendant iuſtice,
Tu m'as ſouuent preſſé d'épouſer Berenice
Et ſi ſous le ſemblant de defendre mes droits,
Ton ame adroitement y deffendoit ton choix;

BERENICE.

Par voſtre ordre, Seigneur, ie vous ay parlé d'Elle

TITE.

Et bien ie reconnois ton amour, ou ton zele,
Aime donc, ou j'aimois, ainſi ſur mon aueu
Aux yeux de l'Vniuers fais éclater ton feu.

BERENICE.

Quoy, iuſqu'à moy Mucie auroit lieu de deſcendre!

TITE.

Ie t'ay mis en eſtat de pouuoir tout pretendre;

BERENICE.

L'on a veu des Eſtats cedez par des vainqueurs;
Mais aucun auant vous n'auoit cedé des cœurs;
La conqueſte, Seigneur, vous en eſt bien aisée;
Puiſque par vous la garde en eſt ſi mépriſée.

TITE.

Eſt-ce traitter Mucie auec trop de rigueur?

C'eſt le choix de l'Eſtat, non le choix de mon cœur,
N'atten donc point de moy que ie te la prefere,
Elle aime en moy Ceſar, j'aime en elle ſon Pere:
Tout ce que l'vn pour l'autre on voit en nous d'ardeurs
N'eſt au fond qu'amourpropre & qu'amour de grãdeurs.

BERENICE.

Seigneur, ie ſuis confus, autant qu'on le peut eſtre
I'épouſerois Mucie!

TITE.

Enfin, ie ſuis ſon Maiſtre,

BERENICE.

Que dites vous, l'amour eſt le Maiſtre des cœurs,

TITE.

On exerce ſur moy les dernieres rigueurs,
Romme m'oſe empeſcher d'épouſer Berenice
Et pour gehenner autruy i'ay le meſme caprice.

BERENICE.

Mais, vn Prince eſtranger porteroit ſes regards,

TITE.

Mais, ie puis t'éleuer iuſqu'au rang des Ceſars,

BERENICE.

Moy qui de voſtre Reine ay la ſeule apparance
Dois-je ſeul épuiſer voſtre Toute-Puiſſance
Et quand vous m'éleuez ſur tous les Potentats
Ne vous ſouuient-il plus qu'elle n'a plus d'Eſtats ?

TITE.

Le temps n'eſt pas venu de rien tenter pour elle,

BERENICE.

On ne peut eſtre enſemble Empereur & fidele
Cependant en ce rang où les Dieux vous ont mis
Ceſar deuroit tenir ce que Tite a promis.

TITE.

Epouſe donc Mucie, & ie tiendray parole ;

BERENICE.

Veut-on qu'en vous perdant mon amour la conſole,
Non, elle a trop d'orgueil, Antoine eſt trop jaloux
Et ie ne puis aimer en meſme lieu que vous.

TITE.

Ingrat, ſi tu m'aimois tu ſerois mon complice
Tu me mettrois au point d'épouſer Berenice,
Et par ce grand Hymen conſommant tous mes vœux

Ie ferois le bon-heur de qui m'a fait heureux.

BERENICE.

Seigneur, si ie pouuois,

TITE.

Rien ne t'est impossible,
Qui contre ton merite a droit d'estre inuincible ?
Tu peux tout sur mon cœur & ton ame à son tour
Donnant de l'amitié peut donner de l'amour.

BERENICE.

Ie voudrois le pouuoir,

TITE.

Tu le dois pour me plaire,
Resous toy, cét Hymen m'est icy necessaire ,
Ne crains rien cependant du costé des Romains ,
Mon cœur soustiendra bien l'Ouurage de mes mains.

BERENICE.

Ie ne le puis, Seigneur, i'y trouue trop d'obstacles,

TITE.

Espere, la Fortune a fait d'autres miracles ,

G

BERENICE.

Elle seule, Seigneur, n'en peut venir à bout

TITE.

Sortons, auec l'Amour la Fortune peut tout.

Fin du second Acte.

ACTE TROISIESME.

SCENE PREMIERE.

TITE. MVCIAN. PIZON.

TITE.

Voy, chasser Cleobule, on pret'e d m'y contraindre,
Rappellez le, Pizon, ie n'ay plus rien à craindre :

MVCIAN.

Pour vous l'Imperatrice a d'autres sentimens,

TITE.

Il en est temps, suiuons nos propres mouuemens,
Ah! Mucian, i'ay crû que vous sçauriez me plaire;

MVCIAN.

Quoy, dans mes actions voyez vous le contraire?
L'amour que i'ay pour vous a fait tout mon deuoir,
I'ay quitté les grandeurs pour vous les faire auoir,
Et ie suis deuenu pour vous faire parestre
Ministre d'vn Estat dont ie pûs estre Maistre :

TITE.

Et vous, par vn Hymen dont ie suis si surpris
Voulez traiter ma fille auec tant de mespris.

TITE.

Ie luy donne auec luy la moitié de l'Empire.

MVCIAN.

Mais le pouuez vous faire en pouuant me le dire,
Quoy, ne l'ay-ie conquis malgré tant de hazars?
Que pour voir qu'vn seul mot nous donne des Cesars:
Et ne l'ay-je remis à vostre seul merite?
Que pour voir Cleobule à la place de Tite,
Et méprisant vn trône entre nous debatu:
Donner à la faueur le prix de la vertu.

TITE.

Et bien vous estes libre à vous choisir vn gendre,

MVCIAN.

Mais tousiours vos desseins ont dequoy me surprendre;
Ferez-vous vn Cesar d'vn simple Fauory?

TITE.

Est-ce inutilement que ie l'aurois chery?

MVCIAN.

D'où vous peut proceder vne amitié si rare?

TITE.

Pour ne point l'eſtimer il faut eſtre barbare,
Ie le veux proteger contre toute ma Cour ;

MVCIAN.

Voſtre amitié fait plus que n'a fait voſtre amour.

TITE.

Quoy, iuſqu'à l'amitié Romme trouue à redire
Et ſur les paſſions elle eſtend ſon Empire :
Non, non, i'aime mieux eſtre auec mes propres fers,
Seul maiſtre de mon cœur que de tout l'Vniuers ;
Mais pourquoy renoncer à la Toute-Puiſſance,
Iamais vn Empereur ne prend trop de licence,
Quoy qu'en diſe l'Eſtat ie ſuis maiſtre des loix,
Et tel qu'il me faut eſtre à maintenir mon choix :
Ie ne pretens tenir la Puiſſance ſuprême
Que d'vn Pere, des Dieux, de Vous & de Moy-meſme
Mon eſpée eſt mon titre, & tel eſt mon plaiſir
De reſpondre vne fois à mon propre deſir.

MVCIAN.

Vn Prince dont à peine on a la connoiſſance,
Auec l'Imperatrice entrer en concurrence !
Vn Fils entre elle & luy ſe pourroit partager
Et ſon cœur partagé n'oſeroit les iuger !

G iij

TITE.

Vous oſtez vous du cœur, comme de la memoire
Ce que vous luy deuez de naiſſance & de gloire ;
Vous faut-il preferer par vn choix ſi jaloux
Ce qu'on fait pour vn autre à ce qu'on fit pour vous ?
Vous preferez au corps vne ſimple figure
L'apparence à la choſe, & l'art à la nature,
Et par vn ſentiment, ingrat & contrefait
L'ouurage de vos mains au ſang qui vous a fait :
Penſez donc mieux, Seigneur, aux droits de la naiſſance,
Immolez la faueur à la reconnoiſſance,
Suiuez ce que l'honneur a pû vous ordonner,
Et rendez quelque choſe auant que rien donner :

TITE.

Ah ! i'ay de la raiſon, & i'ay de la memoire,
Ie dois tout à ma Mere, & vie, & trône, & gloire,
Ie ne veux, ni ne dois, ni ne puis en douter ;
Mais qui m'a tout donné pretend me tout oſter.

MVCIAN.

Quoy, l'accuſerez-vous de quelque tyrannie,
Elle qui vous conduit ſelon voſtre genie,
Et qui n'a combattu vos premieres ardeurs
Qu'autant qu'elles nuiſoient au cours de vos grandeurs :
On ſçait comment pour vous ſon amour s'intereſſe,
On n'a iamais vû Mere égaler ſa tendreſſe,
Si dans vn doux tranſport, & de l'ame & des yeux

Elle ne vous a vû que comme vn don des Dieux.

TITE.

Dieux! qu'elle impitoyable & nouuelle torture,
Ie sens deux passions d'vne mesme nature,
Si d'vne violence à vous faire pitié
L'amitié dans mon ame attaque l'amitié :
Cleobule, & ma Mere y deffendent leur place,
L'vne auec trop d'ardeur, l'autre auec trop d'audace,
Et sans considerer ce que souffre mon cœur,
Ne songent seulement qu'a qui sera vainqueur
Cleobule vient-il ?

VN GARDE.

Seigneur, Pizon l'ameine,

TITE.

Que ce cruel Arrest me donneroit de peine,

MVCIAN.

La nature sur vous fait de si beaux effets ;
Qu'on ne peut qu'admirer des efforts si parfaits ;
Aussi si l'on vous tient le meilleur Fils du monde,
Vous auez vne Mere à son tour sans seconde,
Iamais sang n'a produit vn couple mieux formé,
Ny plus digne à la fois d'aimer & d'estre aimé.

TITE.

Allez donc l'aduertir que ie m'en vais luy plaire
Si toutesfois mon cœur me permet de le faire ;
Mais voicy Cleobule, ah ! trop cruel deuoir
Ne le verrois-je icy que pour ne le plus voir.

SCENE SECONDE.

BERENICE. TITE. PIZON.

BERENICE.

Pizon m'a t'il dit vray ?

TITE.

Faut-il qu'on nous separe ?
Que malgré ma tendreſſe on me ſoit ſi barbare,
Et que par vn conſeil que l'on prefere au tien
Le repos de l'Eſtat l'emporte ſur le mien :
Ayant ſacrifié Berenice à mon Pere,
Me faut-il immoler Cleobule à ma Mere ?
Ah ! de l'air dont leur ſort eſt en moy confondu,
Ie ne ſçais où mon ame auroit le plus perdu :
Si ce qu'en ſent mon cœur m'en peut eſtre vn indice
Ie croirois te perdant perdre encor Berenice,
Tant il eſt vray qu'il ſent ce qu'il ſentit au jour
Qu'on me vit de ma Reine abandonner la Cour.

BERENICE.

BERENICE.

Est-ce la me porter à l'Hymen de Mucie ?
Est-ce comme à ses droits vn Cesar m'associe ?
Romme & l'Imperatrice ont donc fait mon Arrest
Quoy, vous abandonnez qui suit vostre interest,
Mon zele est il mon crime & doit on icy croire
Que vous laißiez tomber qui soustient vostre gloire ?
Et que par mes Conseils faisant valoir vos droits
Vous ne les employez qu'à perdre vostre choix ?
Ah ! dois-je m'estonner d'vne telle iniustice,
Qui quitte Cleobule, a quitté Berenice,
Il estoit de la fin d'vn si cruel rapport
Que si i'en ay des traits i'en eusse außi le sort :
Mais dequoy dans ses jeux s'auisa la nature
De m'en auoir rendu la funeste peinture,
Et causant vn m'élange, & propice, & fatal,
De ce qui fut mon bien produire tout mon mal.

TITE.

Ah ! c'est trop me presser,

BERENICE.

   Vous me pressez vous mesme
A dire qu'vn Cesar ne sçait pas comme on aime,
Vostre cœur en soy mesme est trop tost de retour,
Et chez vous l'amitié passe comme l'Amour:

H

N'importe, il faut seruir quoy qu'elle ait fait ma peine
La faueur que ie dois aux traits de voſtre Reine ;
De leur force l'oubly n'oſtant que la moitié,
Ils ont pour moy produit vne belle amitié :
Cleobule par eux a receu ce seruice,
Cleobule à ſon tour le rend à Berenice,
Et pour de l'amitié luy rendroit de l'amour,
S'il vous pouuoit flechir en quittant voſtre Cour :
Mais comment vous toucher ? Si pour cõplaire à Romme
En deuenant Ceſar il faut ceſſer d'eſtre homme,
Et contraignant ſon cœur, auſſi bien que ſes yeux,
Bannir de tous les deux ce qu'on aime le mieux.
Ah ! Reyne malheureuſe, on nous bannit enſemble
Cleobule eſt chaſſé parce qu'il te reſſemble ;
Mais de voſtre grandeur vous ſemblez peu jaloux
Si l'on ne me bannit que pour l'amour de vous ;
Où donc aller, Seigneur ? Si Ceſar m'abandonne,
Pour moy dans ma Patrie, il n'eſt plus de Couronne,
Ie ne vois plus d'azile en mon malheureux ſort
Que le cœur de Ceſar, ou les bras de la mort.

TITE.

Que tu preſſes vn cœur que ſes ſoûpirs oppreſſent ;

BERENICE.

Ah ! dans vos paſſions tous mes vœux s'intereſſent.
Ie ne puis plus ſouffrir que contre voſtre ardeur

On oppofe fans ceffe Eftat, gloire, & grandeur;
Vous m'auez honnoré de voftre confidence,
Ie dois donc animer voftre toute puiffance,
Et vous faire fonger que Berenice & moy
Attendons qu'vn Cefar fignale icy fa foy;
Ne m'auez vous pas dit? que pour vous cette Reine,
Des Iuifs & des Romains s'eft attiré la haine,
Et que pour vous complaire irritant leur fureur
Sans fonger à l'Empire elle aima l'Empereur.
Pourquoy foûpirez vous, n'eftes vous pas le Maiftre?
Son amour eft public, le voftre le doit eftre,
Et voftre paffion doit monftrer en ce jour
Qu'vn monde eft à Cefar, & Cefar à l'Amour.

TITE.

Ah! ie me rends, l'Amour n'a point quitté mon ame,
I'en ay fenty l'ardeur, fi i'ay caché fa flame,
Et fans qu'vn an d'abfence ait pû le confumer
Tes entretiens n'ont fait que le mieux rallumer.
Qu'eft-cecy, mon Amour? mon ame eft poffedée,
Ce tranfport me vient-il de l'œil ou de l'Idée?
N'eft-ce point de mes feux quelque refte enflamé?
Où le premier eflans d'vn brazier rallumé?
Mais au point que i'en doute, il commence à renaiftre,
Quand ie dis qu'il renaift, il commence à s'accroiftre,
Quand ie dis qu'il s'accroift, il commence à briller,
Et quand ie dis qu'il brille, il commence à brûler.

H ij

Du moins l'embrazement qui reuient dans mon ame
N'aura dans ses progrez qu'vne innocente flame ;
Non, non, en vain l'Empire en interrompt le cours
Mon amour perdra Romme, ou Romme nos amours
Beauté de Berenice, incomparable Image
Mon amour ranimé ranime mon courage,
Ie vais bien-tost produire aux yeux de l'Vniuers
Vn esclaue échappé qui rentre dans ses fers :
Parlons mieux, mon ardeur se trouuant sans seconde
Veut éleuer ma Reine à l'Empire du monde,
Et ne m'a fait penser de me le conquerir
Que pour estre en estat de la mieux acquerir.

BERENICE.

Vous me retenez donc ?

TITE.

Moy souffrir ta retraite,
Romme auant que la voir pourra voir ma deffaite,
Si plus que ton départ resoluant ton sejour
I'ay par mon amitié confirmé mon amour.

CLEOBVLE.

Seigneur, ie me retire, & fais place à Mucie ;

TITE.

Sors, mon intention luy doit estre éclaircie

Va, laiſſe moy le ſoin de la deſabuſer
Et la mettre en eſtat de pouuoir t'épouſer.

CLEOBVLE bas.

Te faut-il ma riuale abandonner la place?

SCENE TROISIESME.

TITE. MVCIE. FLAVIE.

MVCIE.

Quoy, d'vn Prince eſtranger ſouffrirez-vous l'audace?
Vous, auoir des Riuaux, ie m'en viens plaindre à vous

TITE.

Il eſt libre d'aimer, ie n'en ſuis point jaloux

MVCIE.

C'eſt mal prendre, Seigneur, l'aduis qu'on vous en donne

TITE.

Qu'on ne me gehenne point, ie ne contrains perſonne,
Tite eſt à Berenice, & Berenice à moy,
Et l'Vniuers entier ne peut rien ſur ma foy.
Quoy, ſepareroit-on par tant de tyrannies
Deux ames que l'Amour auoit ſi bien vnies:

MVCIE.

Seigneur, voſtre inconſtance a dequoy m'eſtonner,

TITE.

Ie ſuis vn mouuement qui me peut entraiſner
O vous! iuſte Mucie, & genereuſe Amante
Déplorez vn amour qui trahit voſtre attente,
Mon cœur eſt de retour à ſa premiere ardeur,
Et ne regarde plus ny repos ny grandeur.
L'amour que i'eus pour vous ne parut à mon ame
Qu'vn reſte mal formé de ma premiere flame,
Mes yeux plus que mon cœur couroient à vos appas,
Ie voulois vous aimer & ne le pouuois pas;
Ce manque de pouuoir me tient-il lieu de crime?

MVCIE.

Ne vous excuſez point, tout vous eſt legitime.
En vain vous déguiſez ce manquement de foy,
Voſtre cœur eſt à vous, & le mien eſt à moy:
Vous imaginez-vous qu'vn tel reuers m'étonne
Non, i'abandonne mieux que l'on ne m'abandonne,
Loin qu'il m'échappe icy d'en venir aux ſoûpirs
I'ay iuſqu'à vous ſans honte éleué mes deſirs,
Ie les rabaiſſeray ſans aucune foibleſſe,
Et Ceſar me manquant ie ſeray ma maiſtreſſe;
Vous, Seigneur, reportez à d'indignes regards

Ce que ramasse en vous la gloire des Cesars
Allez, allez, languir aux genoux d'vne Reine
Et remettre à ses pieds la Majesté Romaine,
Elle vous sçaura gré d'vn si fameux retour
Et d'auoir à sa gloire immolé mon amour.
Mon amour, ie vous trompe, il n'y va rien du nostre,
Si vous m'ostez vn cœur, ie vous en oste vn autre;
Et vous laisse en estat de ne luy presenter,
Que ce qui sans grandeur ne me sçauroit tenter,
Vous aurez vostre Reine aux despens d'vn Empire:
Moy, ie puis prendre en moy ce que mon cœur desire
Et me vangeant ainsi de vos legeretez,
Ie vous quitte bien plus que vous ne me quittez.

TITE.

Si l'Empire vous plaist ie puis vous le remettre.

MVCIE.

Mon Pere y renonçant vous en a fait le Maistre,
Vous deuiez auec vous m'en rendre la moitié
Et faire par l'Amour ce qu'a fait l'amitié.

TITE.

Ie veux vous témoigner comme Cesar vous aime
Viuez, sans estre à moy, pour vn autre moy-mesme,
Faites par vn effort, & iuste, & genereux
Que Cleobule & moy soyons par vous heureux.

Vous ne respondez pas?

MVCIE.

I'ay honte de respondre,

TITE.

Si ie le fais Cesar, vous pourroit il confondre?

MVCIE.

Quand mesme au rang des Dieux vous pourriez l'éleuer
Comme agrandy par vous i'ozerois le brauer,
Il a beau d'vn Cesar se voir icy l'Image,
Ie braue également & l'ouurier & l'ouurage.

TITE.

Cét insigne dédain est vn reste d'Amour,

MVCIE.

C'en doit estre en effet vn reste sans retour,
Pour vostre Cleobule, on le perdra sans peine
En cherchant mon amour il a trouué ma haine,
Et s'il peut eschapper à mon inimitié
Ie le verray m'aymer sans en auoir pitié,
Le mespris quelquefois nous tient lieu de vengeance
Et nous peut consoler d'vn deffaut de puissance,
Vous seul donc que ma haine a dessein d'épargner,
Tout grand que vous soyez, ie puis vous dédaigner.

Apprenez

Apprenez cependant que vous perdrez l'Empire
Soutiendriez vous les maux que voftre amour s'attire?
Et quand l'vn apres l'autre, ils fe feront réjoints
Qu'eft-ce que produiront ny vos vœux ny vos foins?
Le torrent va groffir, vaincrez vous vn deluge?
Le cœur de Berenice eft-il voftre refuge?
Et fi tout l'Vniuers s'en vient fondre fur vous
Serez vous à couuert pour eftre à fes genoux?

TITE.

Non, non, ma paffion me paroift legitime,
C'eft vertu que luy plaire & la chocquer c'eft crime,
Contre tous fes efforts la raifon ne peut rien,
Ie fuis Maiftre du monde & l'Amour eft le mien,
Vous Pizon, de ce pas, cherchez moy Cleobule,
De crainte de la mort faut-il que ie recule?
Non, quand toute la terre armeroit contre moy
Si ie fuis plain d'amour ie feray fans effroy,
On me menace en vain des attentats de Romme,
Le fang m'a fait Romain, mais le cœur m'a fait homme,
Et le cœur que le Ciel a par amour formé
N'eft fait que pour aimer comme pour eftre aimé.
Que Romme en fes tranfports tonne, éclate & foudroye
Expirer en aimant c'eft mourir auec joye,
Et c'eft comme en extaze abandonner le jour
Quand le dernier foûpir eft vn foûpir d'amour.

I

MVCIE seule.

Ah! cruelle difgrace & trop digne de plainte
Mais Antoine paroiſt,

SCENE DERNIERE.

MVCIE. ANTOINE. FLAVIE.
ANTOINE.

Ie viens icy ſans crainte ;
Ie puis parler, Madame, ou Ceſar n'ayme plus,

MVCIE.

Des aueus plus expres vous ſeroient ſuperflus
Vous ſçauez, donc que Tite,

ANTOINE.

Il eſt Incomparable ;
Mais eſt-il ſans ſecond s'il n'a point de ſemblable ?
Et s'il vous abandonne au milieu de ſa Cour,
Ne puis-je point valoir vn deſerteur d'amour ?
I'adore vos appas quand l'Empereur les braue
Il vous traite en Ceſar, ie vous ſers en eſclaue
Et ſans vanter icy ny ſes droits ny les miens
Ie reſſerre mes fers quand il briſe les ſiens ;

S'il reuient toutesfois,

MVCIE.

Me sçauez-vous connoistre ?
I'ay le cœur assez grand pour n'auoir point de maistre
L'amour sera tousiours trop au dessous de moy,
Pour en prendre iamais ny l'auis ny la loy.

ANTOINE.

Ah ! Madame, quand l'ame est vne fois surprisé
Elle a beau rappeller ses vœux & sa franchise,
Le vaincu vit tousiours pour son premier vainqueur
Et la langue à son gré ne conduit pas le cœur.

MVCIE.

Non, non, le déplaisir de se voir méprisée
S'imprime en vn moment au fond de la pensée,
Et ce soudain dépit a bien tost effacez
Tous les traits que l'amour y peut auoir tracez.

ANTOINE.

C'est estre trop iniuste & contraire à soy-mesme
D'aimer son ennemy, de haïr qui nous aime ;
Tite a donc beau parestre auecque tant d'appas
Pourquoy l'aimeriez-vous s'il ne vous aime pas ;
Cleobule en cecy peut mieux toucher vostre ame,
Il a des qualitez qui font briller sa flame,

En fin de la façon que les Dieux l'ont formé
Il est aimable, il aime, il doit donc estre aimé,
Si toutesfois, Madame, il est iuste de dire
Que l'amour veut l'amour, que luy seul se desire,
Et que le plus aimable à l'ame comme aux yeux
N'est autre que celuy qui nous ayme le mieux,
L'ardeur que i'ay pour vous me rend incomparable
Si ie vous aime autant que vous estes aimable,
Et si d'vn bel amour tout mon cœur enflamé
Va plus à vous aimer qu'il ne veut estre aimé.

MVCIE.

Ces termes languissans n'ont rien qui me console
Ie ne veux en amour ni soûpir ni parole,
Des effets plus touchans le doiuent reueler
Et l'Amant doit agir auant que de parler.

ANTOINE.

Ie n'ay que trop agy, le peuple court aux armes,

MVCIE.

Allez donc l'animer, la vangeance a des charmes,
Vostre amour à ce prix ne me déplaira pas,
La vangeance & l'Empire ont pour moy mesme appas
Ie ne vous parle icy que contre Cleobule,

ANTOINE.

Sur vn peu d'apparence on ma vû trop credule,

Ie fuis pourtant rauy qu'en cet éuenement
Voftre courroux foit joint à mon reſſentiment :
Parlez, expliquez-vous, ie fuiuray voftre enuie,
De tous vos ennemis ie vous offre la vie,
Et mefme fi la mienne importe à vos amours
Receuez en la fin auſſi bien que le cours ;
Ie vous l'immole entiere, & vous prefente en elle
Dequoy punir mon crime en agreant mon zele,
Et dequoy vous vanger par vn fupplice égal
D'vn orgueil que ie blaſme en mon propre riual.

MVCIE.

En feruant ma fureur vous pouuez tout pretendre
Qui me fçait bien aimer ofé tout entreprendre,
Voila comment brauer vos pretendus riuaux,
Qui me vange le mieux a le moins de deffauts,
Il importe à mon ame auſſi bien qu'à la voftre,
Que la haine pour l'vn faſſe l'amour pour l'autre,
Et qu'ainfi vos defirs s'acordans à mes vœux
Vous trouuiez le fecret de deuenir heureux.

ANTOINE.

Voftre vengeance eft prefte & toutesfois i'ay peine
De deuoir voftre cœur à voftre feule haine ;
Hé ! de grace, à vos vœux donnant vn plus beau jour
Faites moy le deuoir à voftre feule amour.

MVCIE fortant.

Prince, ie vous l'ay dit, ie veux eftre vengée,

ANTOINE fortant.

Seruons nous du dépit d'vne fille outragée,
Allons donc acheuer comme Amant offencé
Ce que mon intereft a fi bien commencé.

Fin du troifiéme Acte.

ACTE QVATRIESME.

SCENE PREMIERE.

FLAVIE. MVCIE.

FLAVIE.

OVS reuoir l'Empereur , voftre erreur eft eftrange,
Mais que ne changez vous quand voftre Amant fe change.

MVCIE.

En perdant vn Cefar n'ay-ie pas tout perdu?

FLAVIE.

Quelque refte de luy vous peut-eftre rendu,

MVCIE.

Quand on pert vn Empire on n'a rien à pretendre
Antoine m'adorant me le pourroit-il rendre?

FLAVIE.

L'Empire de son cœur,

MVCIE.

I'ay bien d'autres projets,
Tous les cœurs des Amans sont de mauuais sujets,
L'exemple des Cesars nous doit par tout conduire,
L'amour dans leurs pareils ne s'efforce qu'à luire;
Ou du moins si leur feu monte iusqu'à l'ardeur
Ils l'appaisent bien tost à l'air de leur grandeur;
Cet air esteint leur flame, & ces fameux volages
Ne luy font succeder que de frequens Orages:
Ou de l'air dont par fois leur amour est calmé,
A peine l'on connoit s'ils ont iamais aimé!
Ainsi se preualant de la grandeur suprême
Vn Cesar croit tousiours qu'il peut tout sur soy-mesme,
Et que reglant la fin en formant le projet
Il peut traitter l'amour comme il traitte vn sujet.

FLAVIE.

Faites la mesme chose

MVCIE.

Ah! conseil inutile,
A tout autre qu'à luy la chose est peu facile:
Cependant c'est en vain que i'en veux à son cœur.

Ce

Ce cœur n'a plus pour moy que foibleſſe & langueur,
En vain par mes regards mon amour y penetre
Et ſi i'y mis l'ardeur ie ne puis l'y remettre,
Tant il eſt plus facile en l'art de faire aimer
D'animer les deſirs que de les ranimer:

FLAVIE.

Vous auez de l'eſprit, employez ſa puiſſance.

MVCIE.

A quoy ſert en amour la haute intelligence,
On ne ſçait dans l'ardeur qui nous vient enflamer
Comment ſe faire aimer, ny s'empeſcher d'aimer:
Vne ignorance heureuſe eſt icy preferable,
La ſçauante en amour plaiſt bien moins que l'aimable,
Et par vne éclatante & douce trahiſon
La grace touche plus que ne fait la raiſon.
Si donc Ceſar n'euſt eu qu'vn amour raiſonnable,
Prés de moy ma riuale euſt eſté meſpriſable,
Et moy, ſi mon tranſport n'euſt eſté plein d'erreur
I'euſſe, i'euſſe aimé Tite autant que l'Empereur
Orgueilleuſe Mucie, aimable Berenice,
Tite, & Ceſar on fait noſtre commun ſupplice,
Et partageant ſi mal noſtre illuſtre vainqueur,
Ie ne pris que les yeux, lors que tu pris le cœur.
Ardante ambition qui m'as embrazé l'ame,
Que n'aymois-ie ; l'amour auoit bien moins de flame,

Ah! pourquoy contre moy ces yeux & ce courroux,
Puisque nos passions nous viennent malgré nous:
L'ambition me vint du fond de ma naissance
Et ne peut s'estoufer qu'au fond de ma vengeance;
Mais quel en est l'objet? peut-estre l'Empereur,
Non, c'est, trop prés d'vn Tite arreste ma fureur:
C'est au seul Cleobule à qui mon cœur prepare
Tout ce que ma fureur aura de plus barbare:
C'est luy qui sans sujet oze bien me trahir,
Mais si c'est par amour, pourray-ie le haïr?
L'insolent m'aymeroit; en seroit-il coupable?
Le moindre à droit d'aimer tout ce qu'il trouue aimable,
Suffit que malgré luy par mes yeux animé,
Pour sa peine en m'aimant il ne soit pas aimé;
Non, il faut que ma haine égale son audace
Qui m'ose oster l'Empire est indigne de grace,
Sa perte est resoluë, & sans plus discourir
Tous mes transports ne vont qu'à le faire perir:
Mais que me veut Pizon?

PIZON.

       Ah! ie viens vous déplaire

MVCIE.

L'exil de Cleobule est donc imaginaire.

PIZON.

Cesar la retenu, mais quoy que vostre Amant

Il asseure ses iours par vostre éloignement,
I'en ay l'ordre, Madame, & ie viens vous le dire,

MVCIE.

Quoy, comme de son cœur sortir de son Empire,

PIZON.

Vous n'auez, que ce jour pour vous y preparer,

MVCIE.

Ah! voicy ce cruel qui m'en fait separer.

SCENE SECONDE.

BERENICE. MVCIE. PIZON. FLAVIE.

BERENICE.

Si Cesar m'a dit vray, vous me voulez, destruire,
Et luy vous veut oster les moyens de me nuire ;
Cela n'empesche point qu'aux despens de mes iours,
Ie ne vienne en ce lieu vous offrir mon secours.

MVCIE.

Quoy, Cesar m'abandonne, ah! fatale iniustice,

BERENICE.

Auant que vous aimer il aima Berenice.

K ij

MVCIE.

Pourquoy l'a quitta-t'il ?

BERENICE.

Il fut Romain & fils.

MVCIE.

Il s'attire en l'aimant les mesmes ennemis,

BERENICE.

S'il les craignoit alors il cesse de les craindre,

MVCIE.

S'il t'a tousiours aimée il auoit tort de feindre ;
Pourquoy donc abuser de ma facilité,
Est-ce qu'il s'offença de ma temerité ?
Et que pour m'en punir cét illustre volage
Voulut que ma disgrace accabla mon courage :
Il se trompe, mon cœur n'en est point abbatu
Si perdant son amour i'ay sauué ma vertu ;
Dites luy cependant que quoy qu'on me rauale
Ie cede à mon Amant & non à ma Riuale,
Et qu'en m'osant flater de quelque peu d'appas
Ie me voy preferer ce qui ne me vaut pas
Elle a seduit Cesar à force de caresses,

BERENICE.

La douleur fait tout dire, on souffre vos foiblesses
Si vous la connoissiez, vous en iugeriez, mieux.

MVCIE.

Témoin les beaux rapports qu'on en fait en ces lieux,

BERENICE.

Le monde est son témoin & non pas son arbitre,

MVCIE.

Pour pretendre à Cesar son amour est son titre,
Et vous son partisan, vostre temerité

BERENICE.

I'agis icy, Madame, auec autorité,
La gloire de mon Maistre estant trop outragée,
Au peril de la vostre y doit estre vangée,
Et ne peut supporter qu'aux mépris de ses droits
Vostre jalouse amour deshonnore son choix.

MVCIE.

Estoit-il naturel? qu'à la premiere veuë,
Sur quelque peu d'attraits son ame fut émeuë,
Et qu'vn Cesar épris d'vne si prompte ardeur
Ait pour elle oublié sa gloire, & sa grandeur:

Vn clin d'œil cauſe-t'il vne ſi longue idée?
Il la priſe par charme & par charme gardée;
Quelque ſecret eſprit de mon bon-heur jaloux
Produit l'amour pour elle & l'amitié pour vous.

BERENICE.

Ie ne dis rien pour moy ; mais quant à Berenice
Le peu d'attraits qu'elle a ſurprend ſans artifice,

MVCIE.

Son charme eſt dans ſes yeux & non dans ſa vertu,

BERENICE.

Sa vertu s'eſt fait voir ſur vn trône abbatu

MVCIE.

La cheute de ſon trône eſt vn mauuais ombrage,

BERENICE.

Ne iugeons point d'vn Aſtre en voyant vn nuage,
Sans ceſſe la vertu produiſant ſes rayons,
C'eſt noſtre ſeul deffaut ſi nous ne la voyons.

MVCIE.

Qui n'a point de Royaume

BERENICE.

Ah ! laiſſez moy vous dire

Qu'elle a moins de malheur que qui n'a point d'Empire,
Ou que ne demandant selon ce qu'elle peut
Que le cœur seul de Tite elle a ce qu'elle veut :

MVCIE.

Mais le cœur de Cesar est dans la main de Romme

BERENICE.

Ah ! si Tite est Cesar, Cesar n'est-il pas homme ?

MVCIE.

Que pourra ma Riuale où ses efforts sont vains,

BERENICE.

Quoy, vous la menacez du pouuoir des Romains,
Si Cesar se rauit vostre pouuoir l'estonne,
Elle ne vous craint pas si l'on veut qu'il se donne :
Elle a des qualitez qui le peuuent charmer,
C'est qu'estant bien aimée, elle sçait bien aimer,
Ce n'est qu'à Tite seul que son cœur s'abandonne
Vous aimez la puissance, elle aime la personne,
Et voulant preferer son choix à vostre erreur,
Si vous aimez l'Empire elle aime l'Empereur,
N'a t'elle pas encor la qualité de Reine ?

MVCIE.

Ce n'est qu'vn vain portrait de la grandeur Romaine,

Nos plus fameux Conſuls ont eſté mes ayeux,

BERENICE.

Tout leur éclat le cede à celuy de vos yeux,

MVCIE.

Ils ont vaincu Ceſar,

BERENICE.

　　　　　　Toutesfois ils le cedent,

MVCIE.

Ie le feray bien rendre à ceux qui le poſſedent ;
Traitre, voſtre faueur pourra bien-toſt finir,

BERENICE.

Ie ne vous cherche pas pour me la maintenir,
Mais quoy de Berenice aller à Cleobule ?

MVCIE.

Voſtre iniuſte faueur vous a fait trop credule
Vous riual d'vn Ceſar, ah ! quittez voſtre erreur

BERENICE.

Ie ſçais que pour vous plaire il faut eſtre Empereur,
Vous cherchez vn Empire, & non vne Prouince,
Vous voulez vn Ceſar & mépriſez vn Prince,

Ie

Ie ne puis satisfaire vn courage si haut,
Et Cleobule enfin n'a pas ce qu'il vous faut,

MVCIE.

Non, lasche, tu n'as rien que ta faueur ne cause,

BERENICE.

Vous, si l'orgueil est crû, vous estes toute chose,

MVCIE.

En effet ie suis tout me comparant à toy,

BERENICE.

Cesar seul peut iuger & de vous & de moy,

MVCIE.

Rens luy donc sa faueur, toy Monstre de fortune,

BERENICE.

Sa faueur n'a pour moy qu'vne gloire importune;

MVCIE.

Mais si t'aime Cesar, as tu droit de m'aimer?

BERENICE.

Vous auez vne erreur dont ie vous dois blasmer,
En vain vous auez crû que vous m'estiez aimable

D'aucune amour pour vous ie ne me sens capable,
Ie ne puis vous offrir qu'vne simple amitié:

MVCIE.

Et l'amant & l'amy ne me font que pitié,

BERENICE.

Pour qui me connoit bien ie suis digne d'enuie

MVCIE.

Ah! bien-tost ton orgueil te doit coûter la vie

BERENICE.

Et moy; ie crains si peu vostre ressentiment
Que ie ne consens point à vostre éloignement:
Demeurez à la Cour & formez y vos ligues,
Cependant ma vertu destruira vos intrigues,
Et l'Vniuers entier me fera peu d'effroy
Si le cœur de Cesar se declare pour moy.

MVCIE.

Tu me chasses de l'vn, éloigne moy de l'autre

BERENICE.

Madame, mon humeur n'égale point la vostre,
Vous cherchez à me perdre & ie viens vous sauuer

MVCIE s'en allant.

Toy mefme audacieux tafche à te conferuer

BERENICE feule.

Ma vie eſt en peril, mais danger peu funeſte,
La vie à Berenice eſt vn mal-heureux reſte ;
Qui peut me la rauir doit croire qu'en effet
Il fait ce que ſans luy mes douleurs auroient fait ;
Suis-je donc de moy-meſme vne ſenſible image ?
Moy dont les longs ennuis deſolent le viſage,
Et qui d'vn cœur ſi triſte & d'vn œil ſi confus
Cherche en ce que ie ſuis à voir ce que ie fus :
Helas ! quel changement, plus ie pretens qu'il m'aime
Plus par mes propres traits ie me trahis moy-meſme ;
Ie veux porter l'amour iuſqu'à la paſſion,
Ie le vois s'abaiſſer iuſqu'à l'affection ;
Quel eſt donc de mes traits la bizarre puiſſance ?
Elle change l'amour en ſimple bien-veuillance,
Et cét amour reduit iuſques à l'amitié
Se doit voir aujourd'huy reduit à la pitié.

SCENE TROISIESME.

BERENICE. MVCIAN. PIZON.

MVCIAN.

Quoy seul & si pensif, Prince ie m'interesse
En tout ce qui vous touche,

BERENICE.

    Et moy ie vous confesse
Que ie mettrois ma gloire à vous pouuoir seruir:

MVCIAN.

Vostre offre genereuse a dequoy me rauir;
Ie vous en dis autant, mais vous deuez connestre
Que la mienne consiste à bien seruir mon Maistre;
Et qu'il va de la vostre à ne le point porter
A plus que sa grandeur ne le doit inuiter:
Faisons donc de Cesar vn paisible partage,
Retenant ses plaisirs laissez moy son courage,
Si vous obtenez plus i'ay droit d'estre jaloux,
Sa raison est à moy si ses sens sont à vous,
Ie la dois gouuerner, les Dieux me l'ont soûmise,
Ce n'est qu'à son Conseil à regler sa franchise,
Il dépend moins de soy qu'il ne dépend d'autruy,
Il se doit à l'Estat comme l'Estat à luy,

Le monde est son Esclaue, il est celuy du monde,
Et ie suis à ses sens ce qu'est le calme à l'onde :
Toutefois le menant où tendent tous ses vœux
Par son propre pouuoir ie le veux rendre heureux,
Sçachez donc que l'Estat vous demande vn seruice,
Il faut que Cleobule ameine Berenice,
Et qu'allant en Iudée au nom d'Ambassadeur
Il serue d'vn Cesar l'amour & la grandeur :
Receuez cét employ, luy mesme vous le donne.

BERENICE.

Ce grand employ m'honnore aussi bien qu'il m'estonne,
Mais apprenez le mien, Cesar m'a témoigné
Que Mucian pour luy ne s'est point épargné,
Que d'vn esprit Diuin ayant l'intelligence
Vous maintenez par tout sa gloire & sa puissance,
Et protegez ses droits auecque tant d'ardeur
Qu'il vous est obligé de toute sa grandeur,
Mais, dis luy, m'a t'il-dit, comme ie sçais qu'il m'aime
Qu'vn peu plus qu'à l'Estat il s'attache à moy-mesme
Et dans les passions que ie sens tour à tour
Qu'apres l'ambition il serue en moy l'amour.

MVCIAN.

Ah ! pour mieux satisfaire à toutes ses enuies
Ie mourrois mille fois si i'auois mille vies ;
Si pour seruir l'Estat i'ay bien voulu perir,

Pour seruir son amour ie sçauray bien mourir.

BERENICE.

C'est s'acquerir ensemble & Tite & Berenice.

MVCIAN.

Pour l'amour de luy seul ie luy rends ce seruice,
Ie preuois cependant que luy, ny vous, ny moy
Ne pourrons de l'Empire aneantir la loy:
Romme de sa Coustume estant trop idolatre
Ne pût souffrir qu'Antoine épousa Cleopatre ;
Et dans vn Empereur ne pourra supporter
Ce qu'en vn Trium-vir elle ne pût goûter.

VN GARDE.

Tout le peuple, Seigneur, à l'égal d'vn orage
Se vient de soûleuer :

BERENICE.

     Ie connois cét ouurage.

LE GARDE.

C'est à vous qu'il en veut, ie crains que sa fureur
Ne vous perde bien tost aux yeux de l'Empereur,
On n'entend que crier perisse Cleobule ;
Point, point de Berenice,

BERENICE.

     Ah ! Prince trop credule,

En vain ta paſſion ſoûleue les Romains,
Ie ne ſçaurois tomber en de meilleures mains,
Le Conſeil pour me perdre a differente idée,
L'on me chaſſe d'icy, l'on m'enuoye en Iudée,
Et par d'autres complots d'vn Antoine ſans foy
On ſoûleue, on irrite vn peuple contre moy,
N'importe, quelque effet que produiſe ſa haine.
Allons nous expoſer à la fureur Romaine,
Et montrons qu'en ce ſort qui menace mes jours
Ie ne veux que moy ſeul pour mon dernier ſecours :
Ie ſuis de cét Empire vn trop digne aduerſaire,
Nous auons Romme & moy trop de combats à faire,
Du moins dans mon mal-heur ie puis faire le vain
Si i'ay pour ennemy tout le peuple Romain.

MVCIAN.

Ah! Pizon, qu'eſt cecy? Romme a trop d'inſolence,
Antoine auec le peuple eſtre d'intelligence,
Ce Prince infortuné ne ſe peut plus ſauuer,
Mais voicy l'Empereur.

SCENE DERNIERE.

MVCIAN. PIZON. TITE. ANTOINE.

TITE.

       Ie le veux conseruer,

ANTOINE.

Il n'est plus temps, Seigneur, qu'on vous le dissimule

TITE.

Le peuple, auez vous dit, demande Cleobule ;
Mais il ne peut l'auoir qu'en me faisant mourir,

MVCIAN.

Luy-mesme à ce danger a bien voulu courir :

TITE.

Ie vais donc apres luy,

MVCIAN.

       Ie ne le puis permettre ;
Auec vn peuple émeu deuez vous vous commettre ?
Iamais deux grands partis ne se poussent à bout,
Si l'vn croit tout pouuoir, l'autre croit qu'il peut tout;

Ie

Ie connois vos Sujets, ils adorent leurs Maiſtres
Mais ſouuent les zelez ſont pires que les traitres;
Si vous reſtez icy ie le vais ſecourir
Sinon voſtre tranſport nous fera tous perir.

TITE.

Allez, en le ſauuant on me ſauue la vie;

ANTOINE.

Du Peuple & du Senat vous aurez ſceu l'enuie;
L'vn & l'autre, Seigneur, vous coniurent par moy
D'éloigner Cleobule,

TITE.

Ah! genereux employ,
Vous, leur Ambaſſadeur demander ſa retraite,
Ah! c'eſt le digne effort d'vne haine ſecrette,
Mais pour qui de nous deux, Prince ingrat & ſans foy,
Qui pretendez vous perdre, ou Cleobule ou moy?

ANTOINE.

Ie répons de ſes jours

TITE.

Vous en pouuez répondre
D'autant plus que voſtre offre a dequoy vous confondre,
Celuy dont la faueur vous a fait ſi jaloux

M

Quoy qu'il puiſſe arriuer doit moins craindre que vous:

ANTOINE.

Ie n'ay iamais rien craint,

TITE.

       C'eſt trop de retenuë,
La grandeur d'vn Ceſar vous doit eſtre connuë,
Et vous deuez ſentir malgré tous vos projets
Qu'icy tous nos parens ne ſont que nos ſujets.
Vous vous laiſſez conduire à certains politiques
Que ie ne puis nommer que des peſtes publiques,
Leur intereſt les touche & non pas voſtre honneur,
Quiconque flatte vn Prince eſt vn empoiſonneur:
Si bien que ſon venin prenant ailleurs ſa courſe
Corrompt tous les ruiſſeaux en alterant ſa ſource,
Et penetrant d'abord au ſein des Potentats,
Infecte auec nos cœurs tous les corps des Eſtats.
Faut-il que vos flateurs vous rendent ſi credule?
Que vous fait Mucian, que vous fait Cleobule?
Croyez moy, leur grandeur n'oſte rien à vos droits,
Eſt-ce que par caprice on cenſure mon choix?
Le Ciel qui nous plaça dans le rang où nous ſommes
Nous permit d'abaiſſer & d'eleuer les hommes,
Et ſur nos fauoris imprimans tous nos traits
De faire en eux de nous mille & mille portraits.

ANTOINE.

Ne me plaindray-je pas ſi ie ſuis ſans puiſſance?
Si l'employ ne la ſuit qu'eſt-ce que la naiſſance?
C'eſt vn éclat trompeur, la lueur d'vn faux iour,
Et le vain ornement des pompes d'vne Cour.
Quelque ſoit le pouuoir de voſtre creature,
Faut-il que la faueur ſurmonte la nature?
Et qu'vn premier Miniſtre ou quelque Fauory
Soit plus conſideré qu'vn parant n'eſt chery.
Non que ie ſois ialoux d'vn ſi grand auantage,
Mais chaque qualité doit auoir ſon partage,
Et ſelon les degrez du merite & du ſang
On doit accommoder la perſonne & le rang.
Ie veux que Mucian ſoit vn auſſi grand homme
Qu'en ait iamais au monde & fait & produit Romme,
Ses employs & les miens qu'auront-ils de pareil?
S'il me laiſſe le cœur & s'il prend le conſeil.
Ie n'y contraindrois point vne amitié ſi belle
Qu'autant qu'à mon amour elle ſeroit cruelle,
Et que d'vn triſte aueu luy declarant mon mal
Ie me plaindrois à luy de l'auoir pour Riual.
Ie luy dirois, Seigneur, eſtes vous inſenſible?
Seroit-ce que mon feu ne vous fut point viſible?
Ou qu'ayant pour Mucie vn amour trop ardant
Ie me rendiſſe iniuſte en vous la demandant;
Vous ne m'écoutez pas?

M ij

TITE.

TITE.

Ie ne puis vous entendre,

ANTOINE.

Et moy de vos exploits ne dois-je rien attendre?
Si la force du sang jointe à celle des Loix
Me fait considerer & vous & vostre choix,
Sçachez,

TITE.

Vous, apprenez que c'est trop me contraindre,
Vous n'estes pas encore au point de ne rien craindre,
Pensez bien cependant malgre vostre fierté
Que tout vostre complot est en vain concerté;
Ie veux que vous soyez le demon de la guerre,
Mon trône tient trop bien pour estre mis par terre,
Vous auez le cœur grand, mais i'ay cent mille mains,
Ie puis contre vn seul homme armer tous les humains;
Vostre presomption se verra donc trompée,
Puis qu'vn Sceptre en ma main peut briser vostre épée,
Et puisqu'au moindre mot, ou qu'au moindre clin d'œil
Ie puis confondre en vous l'orgueilleux & l'orgueil:
Si c'est que ma grandeur vous soit insuportable,
Malgré tous vos exploits ie vous tiens déplorable,
Vne si basse enuie en affoiblit l'éclat,
Et dans vn Conquerant ne montre qu'vn ingrat.

Enfin tous vos trauaux ont eu leur recompenſe,
La gloire, ou l'intereſt les ſuit, ou les deuance,
Et deuant comme apres ce qui vous eſtoit dû
L'on vous a plus preſté que vous n'auez rendu.
Ecoutez-moy, Pizon,

PIZON.

Vne gloire ſi belle;

TITE.

Sçachez qu'on eſt coupable en prenant ſa querelle,
Obeïſſez,

PIZON.

Seigneur, ie ſçais bien obeïr.

TITE.

Prince, vous apprendrez s'il fait bon me trahir;

ANTOINE.

Ie n'attendois pas moins de toutes mes Conqueſtes,

TITE ſortant.

En perdant Cleobule, on abattra deux teſtes,
Oüy, vous me reſpondrez de ces ſoûleuemens,
Puis qu'ils ſont excitez par vos ſeuls mouuemens
Faites voſtre deuoir.

M iij

PIZON.

Seigneur rendez l'épée.

ANTOINE.

Espée à le seruir mille fois occupée,
N'importe mon respect desarme ma valeur,
Et mon cœur est plus grand que ne l'est mon malheur.

Fin du quatriéme Acte.

ACTE CINQVIESME.
SCENE PREMIERE.
MVCIE. MVCIAN. PIZON.

MVCIAN.

TV soûpires encore, ô fille temeraire!

MVCIE.

Que voulez-vous, Seigneur, l'Empire m'a pû plaire,
La perte que i'en fais vaut du moins vn soûpir,
Et si i'en pers l'espoir i'en retiens le desir,
Mais, Seigneur, apprenez ce que ie viens d'apprendre,

MVCIAN.

Si Cleobule est mort, il est temps de nous rendre,

MVCIE.

Il est allé luy mesme au milieu du Senat,
Où tous l'ont accusé d'auoir trahy l'Estat;

Ah! Senat, a t'il dit, qu'elle est ton jniustice?
I'ay conseillé, dit-on, l'Hymen de Berenice,
Oüy, par mes seuls auis Cesar l'a resolu,
Pretens tu l'empescher s'il est par luy conclu?
Il est Maistre du monde, & par qu'elle licence,
Oze tu t'opposer à sa toute puissance,
Ie me presente à toy comme vn grand criminel,
Et pour en receuoir vn Arrest solemnel;
Prononce donc, Senat, condamne vne personne
Que toute ta fierté ne surprend, ny n'étonne,
La force de mon sang va jusqu'à mes regards,
Et i'ay le cœur plus grand que ne l'ont tes Cesars,
Ie te ferois trembler si i'en auois le titre,
Cependant iuge moy; Ie t'ay fait mon arbitre,
Du moins songe en prenant le droit de me punir
Qu'vn plus puissant que toy m'a fait icy venir:
Le Senat à ces mots m'éprisant sa menace
A bien moins condamné qu'admiré son audace,
Et ne l'a que pressé de changer de seiour
Puisque tous ses conseils troubloient Romme & la Cour,
Mais en entrant chez luy toute la populace
L'a crû dans sa fureur trop indigne de grace,
Et du Prince à luy mesme imputant la prison
Est allé pour le perdre inuestir sa maison,
Ie pense qu'il est mort,

　　　　　　MVCIAN.
　　　　Attentat effroyable!

　　　　　　　　　　PIZON.

PIZON.

De la prison du Prince on vous croit seul coupable,
Et par là tout ce peuple irritant son courroux
Comme chez Cleobule est inondé chez vous.

MVCIAN.

Ie n'ay pû surmonter vne telle insolence,

PIZON.

En vain l'Empereur mesme a choqué sa licence,
Au deffaut de tous deux le Prince doit agir,
Le peril le fit prendre, il le fait élargir;

MVCIAN.

Appellez le Pizon?

MVCIE.

      Sauuez vn si grand homme,
Arrachez-le à Cesar, qu'il vous arrache à Romme,
Il faut qu'en destruisant vostre commune erreur
L'vn appaise l'Empire, & l'autre l'Empereur:
A faute de s'entendre on tasche à se destruire,
Qui voudroit obliger songe aux moyens de nuire,
Et par vn but indigne autant que hazardeux
L'vn voulant perdre l'autre on se defait tous deux:
Le voicy,

                  N

SCENE SECONDE.

MVCIE. MVCIAN. PIZON. ANTOINE.

MVCIAN.

L'Empereur incline à voſtre perte,

ANTOINE.

Et par là, voſtre haine eſt comme découuerte,
Vous, de qui l'intereſt a cauſé ma priſon
D'vn Pere & d'vn Ceſar me ferez vous raiſon?

MVCIE.

Nous ne ſongeons icy qu'à voſtre déliurance,

ANTOINE.

Eſtat que i'ay ſeruy, voila ma recompenſe,
Vous, ennemy ſecret,

MVCIAN.

        Voſtre erreur fait vos maux,
Ceſar & moy ſçauons & loüons vos trauaux,
Vous en faites pourtant vne mauuaiſe cauſe,
Qui peut tout eſperer doit craindre quelque choſe,
Et quelque grand bien fait dont vn cœur ſoit touché,

Penſer qu'on luy doit peu quand il eſt reproché.

ANTOINE.

Le reproche ſied bien auecque le merite,

MVCIAN.

Deuez vous irriter le naturel de Tite ?
Il ſe porte à l'honneur ſans qu'il y ſoit contraint ;
Mais vos frequës tranſports ont fait que l'on vous craint
Ceſar comme tout autre a craint voſtre courage,
L'aigreur ſe change en fiel, & l'amertume en rage ;
Vn Prince bien ou mal par ſoy meſme irrité
Reuient malaiſement à la fidelité ;
Auſſi ne voit on pas dans vn tel temeraire
Le bien qu'il aura fait, mais le mal qu'il peut faire :
Ainſi voſtre dépit que meut voſtre valeur
S'il n'a fait voſtre crime a fait voſtre malheur.

ANTOINE.

Ah ! vos inimitiez,

MVCIAN.

*   Ie n'en forme pas vne,*
Ie ſuis bon par nature & ſuis tel par fortune ;
Et quoy que mon pouuoir ſuiue ma volonté,
Mon plus iuſte courroux le cede à ma bonté ;
C'eſt donc icy, Seigneur , que ie pretens qu'on ſçache

TITE.

Qu'en pardonnant à tout ie fuis meilleur que lafche;
Ie remets d'vn grand cœur tout le mal qu'on m'a fait,
Et tiens que le pardon eft le plus grand bien fait:
Vous Prince pardonnez au fort qui vous opprime,
Cefar, ny Vous, ny Moy, n'en faifons pas vn crime,
Chacun de nous fe trompe, & moins d'emportemens
Nous feroient voir plus clair dans nos reffentimens:
Prenez donc de ma main cette éclatante épée,
Et de l'Eftat Romain l'inuincible trophée:
Du moins fouuenez-vous dans vn fi beau reuers
Qu'au prix de ma difgrace on vient rompre vos fers.

ANTOINE.

Ie la prens, Mucian, & la prens auec rage,
Vn Prince impunément ne reçoit point d'outrage;
Et délors qu'vn ingrat nous peut pouffer à bout
Vn genereux outré projette & tente tout.
Dites donc à celuy de qui i'ay fait mon Maiftre
Qu'vn Empereur ingrat m'a fait parjure & traitre;
Et qu'en cette fureur où ma prifon m'a mis
Ie prefere à Cefar fes plus grands ennemis:
Ie m'en vais les feruir auec la mefme épée
Que ma main dans leur fang a mille fois trampée:
Et quiter vne Cour où mes Adorateurs
Ne font à bien penfer que mes perfecuteurs:
Adieu lafches fuiuans, adieu troupe importune,
Vous qui facrifiez la gloire à la fortune;

Et qui par vn faux culte où tout zele se pert,
N'encensez la Vertu que quand elle vous sert ;
Romme que mon amour & ma haine ont émeuë,

MVCIAN.

Pour vaincre sa fureur rendez luy vostre veuë

ANTOINE.

Ie ne la luy rendray que pour mieux l'animer,

MVCIE.

La mort de Cleobule aura pû la calmer,

ANTOINE.

La mort de Cleobule, ah ! prison trop funeste !
Ie n'en voulois pas tant, allons sçauoir le reste,
Et vangeant mon amour, mes trauaux & mes fers,
Si mon cœur s'est troublé, troublons tout l'Vniuers.

MVCIE.

Vous sçauez bien à quoy ie me suis engagée,

ANTOINE.

Ie ne suis pas vangé, si ie vous ay vangée,
Ie voulois d'vn Riual le simple éloignement,
Et le peuple encherit sur mon ressentiment.
Adieu, Madame, adieu, mon malheur m'est visible,

Et rien que ma prison ne me trouue sensible,
Du moins considerez en plaignant vn jaloux
Que i'ay fait peu pour moy si i'ay trop fait pour vous:

MVCIAN.

Ah! lasche qu'est-cecy? quoy ta fureur l'anime,

MVCIE.

Plaignez vn criminel dont l'amour fait le crime,
Cependant sauuez vous & m'épargnez l'horreur,
De vous voir d'vn tel peuple essuyer la fureur,
C'est à vostre prudence a gaigner le riuage,
Si comme par le calme on y va par l'orage,
Bien souuent la tempeste en changeant ses efforts,
Des plus tristes écueils a fait les plus beaux ports.

MVCIAN.

Lasche fatalité de l'ignorance humaine,
Vn Estat souffre-t'il, nos soins causent sa haine,
Et le fiel dont vn peuple est sans cesse irrité,
Surmonte nos douceurs par sa malignité :
Moy qui traite l'Empire auec tant de tendresse
N'ay-ie pas vû sa rage égaler sa foiblesse ?
Et ce corps qui contient tant de cœurs differens
M'attribuer l'Estat où l'ont mis ses tyrans.

MVCIE.

C'est comme la fortune accable le merite,

MVCIAN.

Ma vertu me suiura si ma grandeur me quite,
Mais Romme, qu'ay-ie fait ? moy dont les soins ardans
Te rendent si fameuse & dehors & dedans :
I'ay soûmis à tes loix des Prouinces entieres,
Redoublé tes progrés, reculé tes frontieres,
Et si rien dans l'Estat n'eust trahy mon conseil
Tes limites verroient l'vn & l'autre Soleil :
Du moins dans le renom qu'auroit eu ta puissance,
Le monde deuant toy s'imposeroit silence,
Et dissipant le bruit que font ses Potentats
Tu te verrois en Paix la Reine des Estats :
Mais ie te plains icy, Prince trop déplorable,
Faut-il que ta valeur te rende incomparable ?
Et que ta Renommée en t'éleuant si haut
Voye vn excez de gloire auec vn seul deffaut :
Ie te suis odieux, mais si ie t'importune
Ou tu hais ma personne, ou tu hais ma fortune,
Que t'a fait l'vne, ou l'autre, & pourquoy blasme tu ?
Ou mon trop de malheur, ou mon trop de vertu ;
Non, non, vn Mucian n'est ny lasche, ny traitre,
Comme ie l'ay seruy, ie seruiray mon Maistre ;
Ie consacre à sa gloire vn eternel effort,
Et veux suiure Cesar, viuant, mourant, ou mort :
Dieux ! ie le vois entrer, sa fureur le possede.

SCENE TROISIESME.

TITE. MVCIE. MVCIAN. PIZON.

TITE.

La liberté du Prince eſt donc vn faux remede,
Quoy, Prince, te vangeant d'vn pretendu départ,
Ton amour à ſa mort a voulu prendre part :
Vous fille impitoyable, Ame trop inhumaine,
Si voſtre amour peut tant, que pourra voſtre haine ?
Et ſi celuy que i'ayme a pû perir par vous,
Puis-ie bien éuiter voſtre dernier courroux ?

MVCIAN.

Quoy, ce trouble par elle, ah ! perfide, ta vie,

TITE.

Pardonnez luy, de grace, vne ſi belle enuie,
Ce malheureux complot n'eſt qu'vn crime imparfait,
Et la cauſe en cecy fauoriſe l'effet.

MVCIE.

Ie n'ay voulu, Seigneur, qu'éloigner Cleobule,

TITE.

Voyez ce que produit vn courroux ſi credule,

Romme,

Romme par vos complots s'oppose à mon amour,
Et par vous Cleobule a pû perdre le iour.

MVCIAN.

Hé! de grace, Seigneur, agréez ma retraite,

TITE.

Le Peuple la voulant demande ma défaite;
Non à quelque fureur qu'il se laisse emporter,
Ie quiteray l'Empire auant que vous quiter,
Mucian, ie vous aime, & le declare au monde,
Mais c'est d'vne amitié qui n'a plus de seconde.

MVCIAN.

Souffrez qu'à vos genoux mon iuste étonnement
Me tienne lieu de voix & de remerciment;

TITE.

Ie vous dois ma grãdeur, mais qu'en deuez-vous croire?
Doit-on m'oster la vie en procurant ma gloire?
Et par vne faueur si pleine de rigueur
M'acquerir vn Empire aux dépens de mon cœur:
Ah! fatale puissance, à quoy bon me contraindre,
Romme au moins m'a laissé le pouuoir de me plaindre,
Malheureux par amour, comme par amitié,
Ie me puis regarder auec quelque pitié:
Mais que ie nomme mal la douleur qui me presse,

O

TITE.

Vne simple pitié n'a pas tant de tendreſſe,
Et s'il en faut iuger d'vn cœur ſi palpitant,
L'eſtime & l'amitié n'en produiſent pas tant.
Ie ſens dans mon tranſport ce qu'on ſent quand on aime,
Et quand la paſſion nous arrache à nous-meſme:
Trop barbares Romains ce ſort m'eſtoit-il dû
En perdant l'Vniuers i'aurois bien moins perdu.

MVCIAN.

Vn Prince d'Yberie auoir cette puiſſance!

TITE.

Si i'en crois ma douleur il eſt plus qu'on ne penſe,
Mais ie n'oſe écouter ce que m'en dit mon cœur,
A force de tendreſſe il a trop de rigueur,
Il s'émeut, il ſe trouble, il ſe preſſe, il s'irrite,
Au nom de Cleobule, il fremit, il palpite,
Et par de longs ſoûpirs découurant ſes douleurs
Il ſemble m'annoncer le plus grand des malheurs.
Et bien Cleonte,

CLEONTE entrant.

Helas!

TITE.

Ha! ſoûpir trop funeſte,

CLEONTE.

Mon silence Seigneur, vous dira mieux le reste;

TITE.

Parle, parle, Cleonte, acheue un malheureux,

CLEONTE.

Vostre Romme, Seigneur, s'oppose à tous vos vœux,
Berenice n'est plus, elle a perdu la vie,

TITE.

Quoy la vie à ma Reine est donc aussi rauie ?
Malheureuse amitié, plus malheureuse amour,

CLEONTE.

Seigneur, dans Cleobule elle a perdu le iour,

TITE.

Et quoy, Dieux! Cleobule estoit ma Berenice,

CLEONTE,

Seigneur, apres sa mort sçachez son artifice,

TITE.

Ah ! Cleonte, elle & toy deuiez-vous me trahir ?

CLEONTE.

Elle se dût contraindre & ie dûs obëir,

TITE.

Dieux ! au point que i'apprens la mort de Berenice,
Mon cœur en fait son crime & son propre supplice,
Et n'ayant pû sentir ce que i'aymois le mieux
Il se vange sur soy du crime de mes yeux.
De mes yeux, ah ! transport d'vne ame possedée
Qui punir ? ou les yeux, ou le cœur, ou l'idée,
Ah ! cœur, de ce trespas que toy seul tu ressens,
Mon idée & mes yeux ne sont pas innocens,
Ainsi meconnoissans partagez le supplice,
Decidez du coupable & iugez du complice,
Et iugeant qui de vous est le plus criminel,
Faites luy ressentir vn tourment eternel.

MVCIAN.

Qu'est-ce que vos transports vous obligent à croire ?

TITE.

Ah ! i'en sens beaucoup plus que ne voudroit ma gloire,
Vous cœur, regards, idée, arrestez vos efforts,
L'ombre vous touche-t'elle à la place du corps ?
La connoissez-vous mieux parmy vostre epouuante,
Mourante, que sauuée, & morte, que viuante,

Vous ses perfecuteurs, ne l'entendez vous pas,
M'imputer comme à vous son iniuste trespas.
Ah! dit-elle, Cefar, fonge à cette journée,
Que pour plaire aux Romains tu m'as abandonnée;
Cependant mon amour plus ferme que le tien
En ta comparaifon ne confidera rien;
Ie quittay tout pour toy par l'amour animée,
Et comme ie t'aymois ie voulus eftre aimée;
Cette feule raifon m'amena dans ta Cour,
Et i'acquis ton eftime au lieu de ton amour;
Toy? dont la paßion me dût ame pour ame,
Qu'ay-ie receu chez toy? de l'air pour de la flame;
Pour de rares effets, d'ordinaires defirs,
Et de foibles regards pour d'innocens foûpirs:
Ah! ceffe d'en blafmer & ton cœur & ta veuë,
Ton ame en elle-mefme eftoit bien moins émeuë,
S'il eft vray que l'amour y forma ton portrait
Elle en euft conferué jufques au moindre trait,
Et dans l'impreßion qu'elle en auroit gardée
Confronté tes regards auec que ton idée;
Il euft bien mieux valu les confultant alors
En iuger par amour qu'en iuger par remors.

SCENE QVATRIESME.

TITE. MVCIE. MVCIAN. ANTOINE. PIZON.

ANTOINE.

Qu'eſt deuenu Ceſar ?

TITE.

Ah ! titre imaginaire,
Si l'on m'auoit fait tel, tel on m'a pû defaire ;
Du moins dans mon malheur il me reſte ce bien
Que ſi i'ay tout perdu ie ne deuray plus rien.

ANTOINE.

Seigneur, écoutez moy,

TITE.

Ie ne veux rien entendre,
On ne m'a rien donné que ie ne veuille rendre ;
Qu'on ne me dize plus qu'on m'a fait Empereur,
Vn nom ſi profané me donne de l'horreur ;
En vain l'on m'a traité de Maiſtre des Monarques,
Si ie n'en ay le droit i'en dédaigne les marques,
Et pour mieux abaiſſer l'audace des Romains,
Ie iette ſous vos pieds ce qui fut dans mes mains :

Ie renonce auec joye à la grandeur ſuprême
Si conquerant vn monde on pert ce que l'on aime.

ANTOINE.

Berenice bien-toſt va pareſtre à vos yeux,

TITE.

Berenice viuante, & viuante en ces lieux !

ANTOINE.

A peine Cleobule eut crû que tout azile
Contre vn peuple inſolent luy ſeroit inutile ;
Et que ſon Palais meſme où l'on l'auoit reduit
Par tous ces furieux alloit eſtre deſtruit
On l'en a vû ſortir ſous vn habit de fame,
Chacun à cét objet a ſuſpendu ſon ame,
Comme ſi l'on eut vû quelque image des Dieux,
Tous les cœurs ont ſenty l'étonnement des yeux ;
Moy meſme à ce ſpectacle eſtant comme inſenſible
Ie ne croyois pas voir ce qui m'eſtoit viſible ;
Ie ne ſçais quel éclat roulant de toutes parts
M'a fait ſur ſon viſage attacher mes regards,
Quand démentant bien toſt ſon premier artifice
Cleobule en luy meſme a fait voir Berenice,
Et d'vn ſexe adorable eſtallant les appas
A fait aux plus cruels redouter ſon treſpas.

TITE.

Ah ! surprise étonnante,

ANTOINE.

       Entendez donc le reste ;
Et voyez d'vn bel œil le pouuoir manifeste ;
Ce peuple dont les cris ne répandoient qu'horreur,
En vn profond silence a changé sa fureur ;
Et comme estant rauy de voir tant de merueilles
Leur à voulu prester ses yeux & ses oreilles :
Elle se preualant d'vn tel étonnement
A rappellé ses maux dés leur commencement :
Romains, a t'elle dit, vous voyez vne Reine
Pour qui vostre grandeur eut toufiours tant de haine ;
Plusieurs Rois par vostre ordre ont esté mis à mort,
Iamais Reine auant moy n'auoit couru ce sort ;
Ainsi vostre bon-heur s'en voit presenter vne,
Mais plus par mon amour, que par vostre fortune,
Il est vray qu'ayant place entre les Potentats
I'ay vû mon propre Amant m'enleuer mes Estats,
En cela la fortune autorisant mes Maistres,
Pour vn comble de maux m'a laissée à des traitres ;
Et pouuant encherir sur son premier reuers.
Me rendit le mépris de tout cét Vniuers ;
Le croyrez vous, Romains, par Tite delaissée,
Ie suis de mon pays par mes Sujets chassée ;

                                     Et

Et tant mon mauuais fort me traitte auec rigueur
Ie fouffre des vaincus bien mieux que du vainqueur :
Ainfi i'ay prefumé que fous l'habit d'vn homme
Ie pourrois rencontrer quelque azile dans Romme ;
Et malgré les tranfports où vous vous eftes mis
Que vous ne feriez pas mes plus grands ennemis ;
A ces mots, des Romains l'étonnement redouble,
Son fort & fa beauté font à l'enuy ce trouble,
Et par vn mouuement de culte & de pitié
Leur tendreffe fuccede à leur inimitié.
Ces hommes indomtez mettent tous bas les armes,
Eux qui vouloient fon fang luy prefentent des larmes,
Et ce doux Sacrifice à la face des Dieux
Punit leurs vœux fanglans par le fang de leurs yeux.
Enfin Romme, Seigneur, ceffe d'eftre fi vaine,
Cette Reine des Roys le cede à voftre Reine,
Et Berenice a fait auec fes feuls regards
Ce que n'a pû l'amour du plus grand des Cefars,

TITE.

Quel amas de plaifirs, ah ! tout mon cœur s'y noye
I'expliquois ma douleur, puis-ie expliquer ma ioye,
Non, ny l'vne ny l'autre, il ne faut qu'vn foûpir
Pour l'extrême trifteffe, ou l'extrême plaifir,
Allons donc au deuant de celle que i'adore,
Dieux ! la voicy.

SCENE DERNIERE.

TITE. ANTOINE. MVCIAN. MVCIE.

FLAVIE. BERENICE. & suite.

BERENICE.

Seigneur, vous me voyez encore,

TITE.

Quoy, Cleobule a mis Berenice en mes mains.

ANTOINE.

Seigneur, prenez ce don que vous font les Romains,

TITE.

Madame, quel abort est comparable au nostre?

BERENICE.

Mon desordre, Seigneur, égale bien le vostre,

TITE.

Du moins si mes transports furent trop imparfaits
Pour l'amour de la cause agréez les effets.
Souffrez qu'à vos genoux vous témoignant ma joye

BERENICE.

Se peut-il qu'à mes pieds mon Empereur se voye?

TITE.

Ah! j'y mets mon Empire & ma gloire & mon cœur,

BERENICE.

Comme Tite, & Cesar, vous estes mon vainqueur,
Et vous tous les témoins d'vne ardeur legitime,
Sçachez que ses vertus ont pû faire mon crime,
Et que pour m'épargner vn plus long entretien
L'amour du genre humain pût bien estre le mien;
Vous Madame, voyez ma faute & mon excuse.

MVCIAN.

Du trouble des Romains moy seule ie m'acuse,
Et i'employe à mon tour vostre propre raison;

ANTOINE.

Seigneur c'est l'amour seul qui fit ma trahison;

TITE.

Ne parlons plus d'vn trouble où tout m'est fauorable,
Qui peche par amour n'est iamais bien coupable,
N'a-t'on pas vû que Romme ofant choquer mon choix?

ANTOINE.

Les yeux de vostre Reine ont furmonté nos loix,
Mefme l'Imperatrice, & fçait & veut la chofe,

MVCIAN.

Qui ne l'approuueroit en en voyant la caufe:

ANTOINE.

Moy qui voy vos plaifirs fucceder à vos vœux,

I'ose vous conjurer de rendre vn Prince heureux;
Ie le seray, Seigneur, en épousant Mucie,

TITE.

Enfin, selon mes vœux la chose est éclaircie,

MVCIAN.

Ce choix m'est glorieux,

MVCIE.

Ie sçais bien obeïr,

TITE.

Vous voyez, le sujet qui m'a fait vous trahir,
Vous, mon cher Protecteur, allons apprendre à Romme
Qu'vn Estat bien souuent nous vaut moins qu'vn seul
   homme,
Et que de tous les nœux dont les cœurs sont vnis,
Tout cede à l'vnion de la Mere & du Fils;
Cependant donnons ordre à ce double Hymenée,
Celebrons à l'enuy cette illustre journée,
Ft d'vn Prince que i'aime agreant le retour,
Rendons la Paix à Romme, & le calme à ma Cour.

Fin du cinquiéme Acte.